人之所知，不若其所不知。

——《庄子·秋水》

水墨山海经

度岸 绘/注

人民日报出版社

目录

【卷一 南山经】

【卷二　西山经】

【卷二 西山经】

【卷三 北山经】

【卷三 北山经】

【卷四 东山经】

【卷五 中山经】

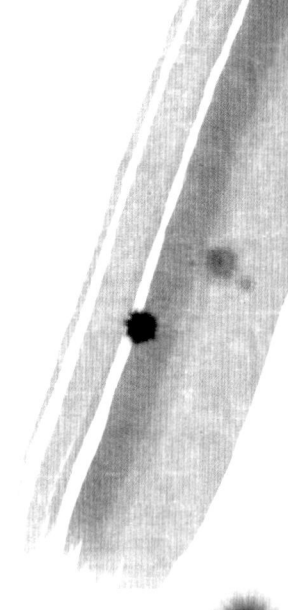

【卷五 中山经】

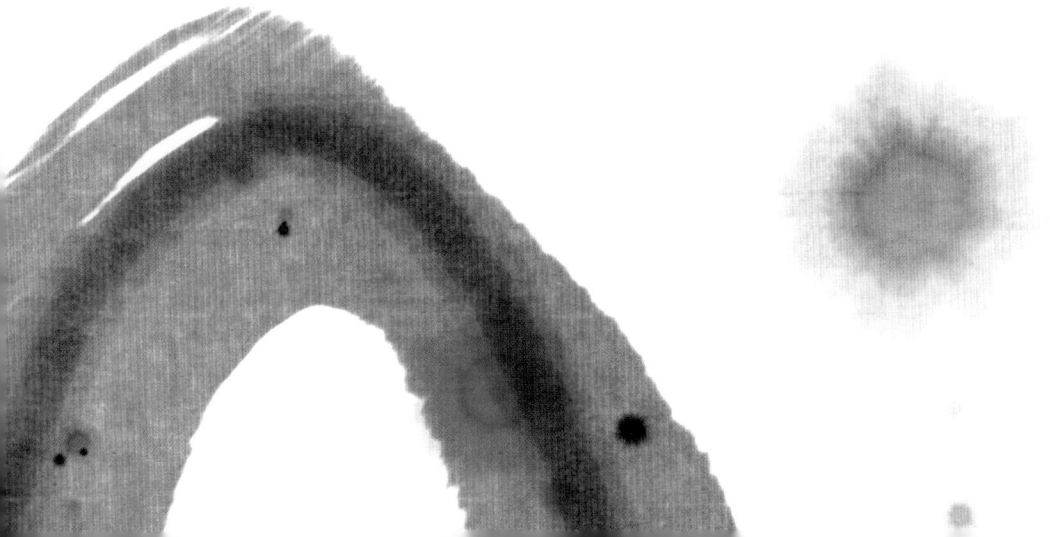

【卷六　海外南经】

【卷七　海外西经】

【卷八 海外北经】

【卷九 海外东经】

【卷十 海内南经】

【卷十一 海内西经】

【卷十二　海内北经】

【卷十三　海内东经】

【卷十四 大荒东经】

【卷十五 大荒南经】

【卷十六　大荒西经】

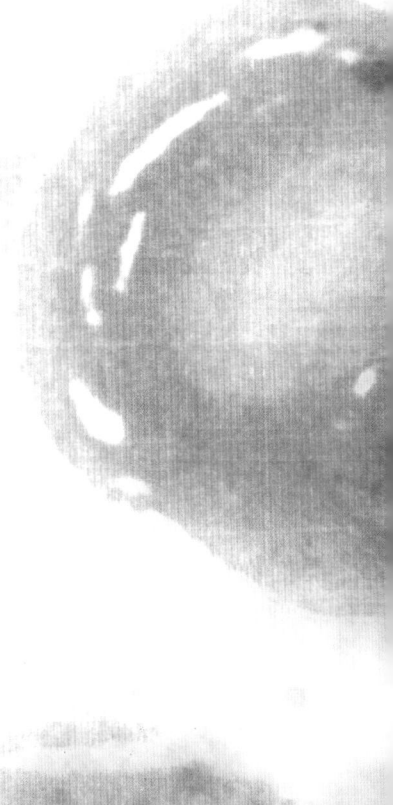

【卷十七 大荒北经】

【卷十八 海内经】

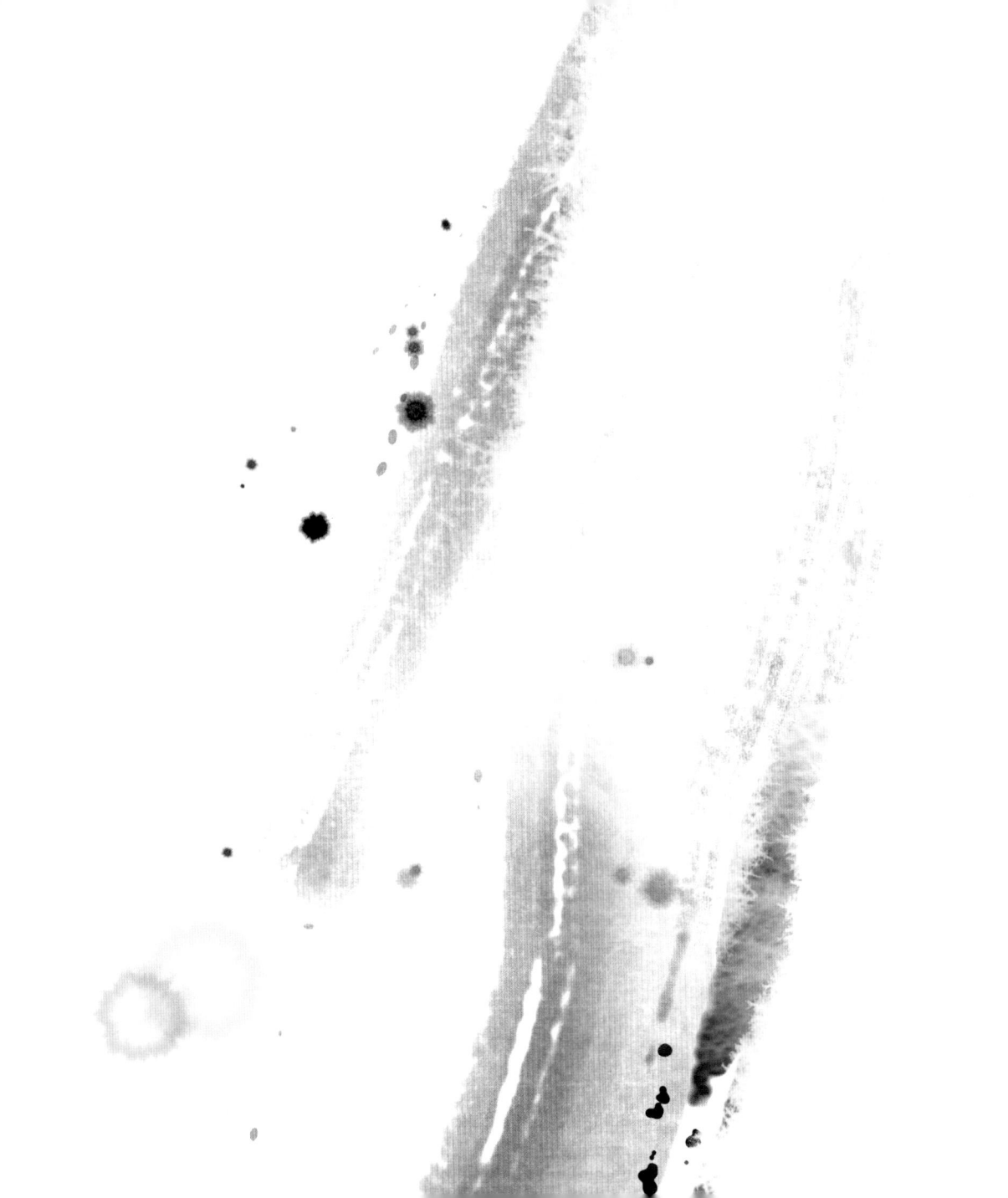

卷一

南山经

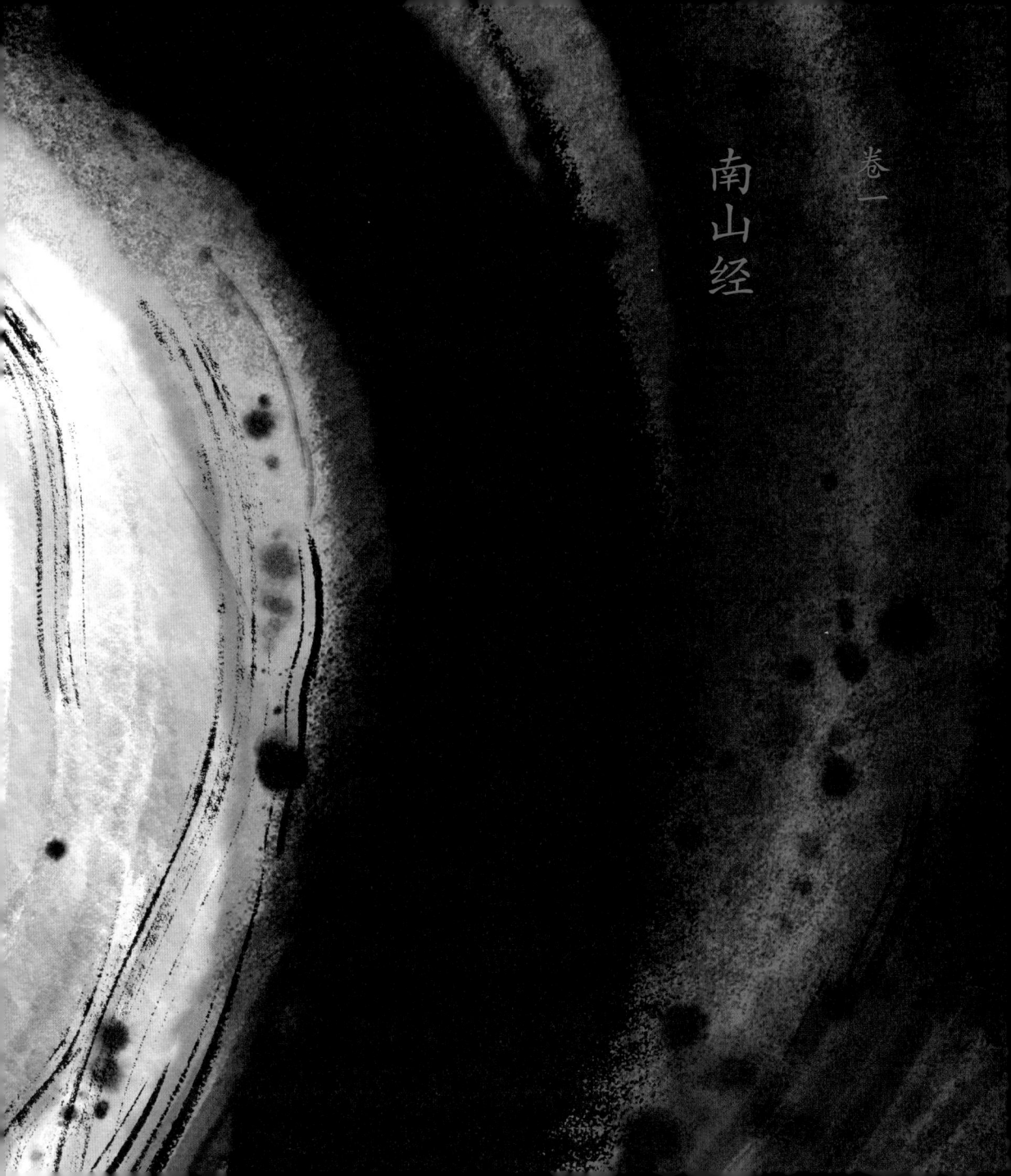

狌狌

招摇之山，……有兽焉，其状如禺而白耳，伏行人走，其名曰狌狌，食之善走。

注释

禺：传说中一种像猕猴的野兽。

解说

研究者普遍认为狌狌即猩猩。狌狌形貌类长尾猿猴，长着白色耳朵；既能如野兽一般匍匐前行，也能似人一样直立奔跑。人吃了它的肉就能跑得很快。

此外，《海内南经》也有狌狌，它人面猪身，能知道人的姓名；《海内经》有猩猩，是一种长着人脸的青兽。

棪（yǎn）

白猿

堂庭之山，多棪木，多白猿，多水玉，多黄金。

解说

白猿是一种白毛猿猴，也有人认为它是银色乌猿。白猿周身银白，唯有爪子和脸是黑的；手臂粗壮有力，双腿长而灵敏，擅长攀爬，叫声哀怨凄惨。

蝮虫

猨翼之山，……多蝮虫，多怪蛇，多怪木，不可以上。

解说

蝮虫是一种毒蛇，它身上的纹理像绶带纹，鼻子上有针刺，大的重达百余斤，也叫反鼻虫。

此外，《南次二经》羽山、《南次三经》非山也有蝮虫。

蝮（fù） 虫（huǐ） 猨（yuán）

猨翼之山，……多蝮虫，多怪蛇，多怪木，不可以上。

怪蛇

解说

怪蛇指形貌奇特的蛇。郭璞提到一种钩蛇，『长数丈，尾岐』，他认为钩蛇即怪蛇一类。本书据此绘图。

此外，《北次二经》洹山、《中次九经》崌山、《中次十二经》荣余山均有怪蛇。

鹿蜀

杻阳之山，……有兽焉，其状如马而白首，其文如虎而赤尾，其音如谣，其名曰鹿蜀，佩之宜子孙。

注释

谣：清唱，没有乐器伴奏的吟唱。

解说

鹿蜀是一种外形像马的野兽，长着白色的头、红色的尾，身上有老虎一样的斑纹，鸣叫声像人在唱歌。人佩戴它的皮毛，可以子孙兴旺、繁衍不息。

旋龟

杻阳之山，……怪水出焉，而东流注于宪翼之水。其中多玄龟，其状如龟而鸟首虺尾。其名曰旋龟，其音如判木。佩之不聋，可以为底。

注释

虺：毒蛇。

底：通「胝」，手脚掌上的厚茧。

解说

旋龟的外形像乌龟，红黑色，有鸟一样的头和毒蛇一样的尾巴，叫声如同劈开木头的声音。人佩戴它的甲壳，可以预防耳聋，还可以治疗足底老茧。

旋龟又见于《中次六经》密山，「其状鸟首而鳖尾」，与此处略有不同。

鯥

柢山，多水，无草木。有鱼焉，其状如牛，陵居，蛇尾有翼，其羽在魼下，其音如留牛，其名曰鯥，冬死而夏生，食之无肿疾。

注释

魼：也作『胁』。指腋下腰上部位，亦指肋骨。

留牛：一种长着虎纹的牛。

冬死：冬眠。

肿：痈肿，皮肤和皮下组织化脓发炎。

解说

鯥的形状像牛，长着蛇一样的尾巴和鸟一样的翅膀。它的翅膀长在肋下，叫声像留牛；常栖息在水畔的山坡上，冬天蛰伏，夏天苏醒。人吃了它的肉就不会得痈肿病。

类

亶爰之山，……有兽焉，其状如狸而有髦，其名曰类，自为牝牡，食者不妒。

注释

髦：古代指儿童垂在前额的短发。这里指动物头颈上的长毛。

牝：鸟兽的雌性。这里指雌性生殖器官。

牡：鸟兽的雄性。这里指雄性生殖器官。

解说

类是一种雌雄同体的奇兽，外形像野猫，头上长着长毛，可自行繁殖。人吃了它的肉，便不会有嫉妒之心。

猼訑

基山，……有兽焉，其状如羊，九尾四耳，其目在背，其名曰猼訑，佩之不畏。

解说

猼訑是一种外形像羊的野兽，有九条尾巴、四只耳朵，眼睛长在背上。人佩戴它的皮毛，就会无所畏惧。

鷩鸺

基山，……有鸟焉，其状如鸡而三首六目，六足三翼，其名曰鷩鸺，食之无卧。

注释

䳅鸺：郝懿行认为『䳅』盖『鷩』字之讹。

解说

鷩鸺是一种奇鸟，它外形像鸡，但长着三个脑袋、六只眼睛、六只脚和三只翅膀。人吃了它的肉，会精神亢奋，睡不着觉。

九尾狐

青丘之山，……有兽焉，其状如狐而九尾，其音如婴儿，能食人，食者不蛊。

解说

九尾狐是一种会吃人的野兽，长相如狐狸，有九条尾巴，叫声像婴儿啼哭。人吃了它的肉，可以不中妖邪之气。此外，《海外东经》青丘国、《大荒东经》青丘之国均记载有九尾狐。

灌灌

青丘之山，……有鸟焉，其状如鸠，其音若呵，名曰灌灌，佩之不惑。

注释

鸠：指斑鸠，一种像鸽子的鸟。

呵：呵斥，大声斥骂。

解说

灌灌的样子像斑鸠，叫声如同人相互呵斥。人佩戴它的羽毛，可以不被迷惑。

赤鲕

青丘之山，……英水出焉，南流注于即翼之泽。其中多赤鲕，其状如鱼而人面，其音如鸳鸯，食之不疥。

解说

赤鲕是一种人鱼类动物，其形状像鱼，但长着人的面孔，叫声如鸳鸯。人吃了它的肉可以不生疥疮。

鸟身龙首神

凡䧿山之首，自招摇之山，以至箕尾之山，凡十山，二千九百五十里。其神状皆鸟身而龙首。

解说

鸟身龙首神是从招摇山到箕尾山共十座山的山神，他们的特点是鸟身龙首。

狸力

柜山……有兽焉，其状如豚，有距，其音如狗吠，其名曰狸力，见则其县多土功。

注释

豚：小猪，泛指猪。

距：这里指鸡爪。

土功：指治水、筑城、建造宫殿等工程。

解说

狸力的外形像猪，长着鸡爪一样的脚，叫声像狗吠。它出现的地方往往会大兴土木。

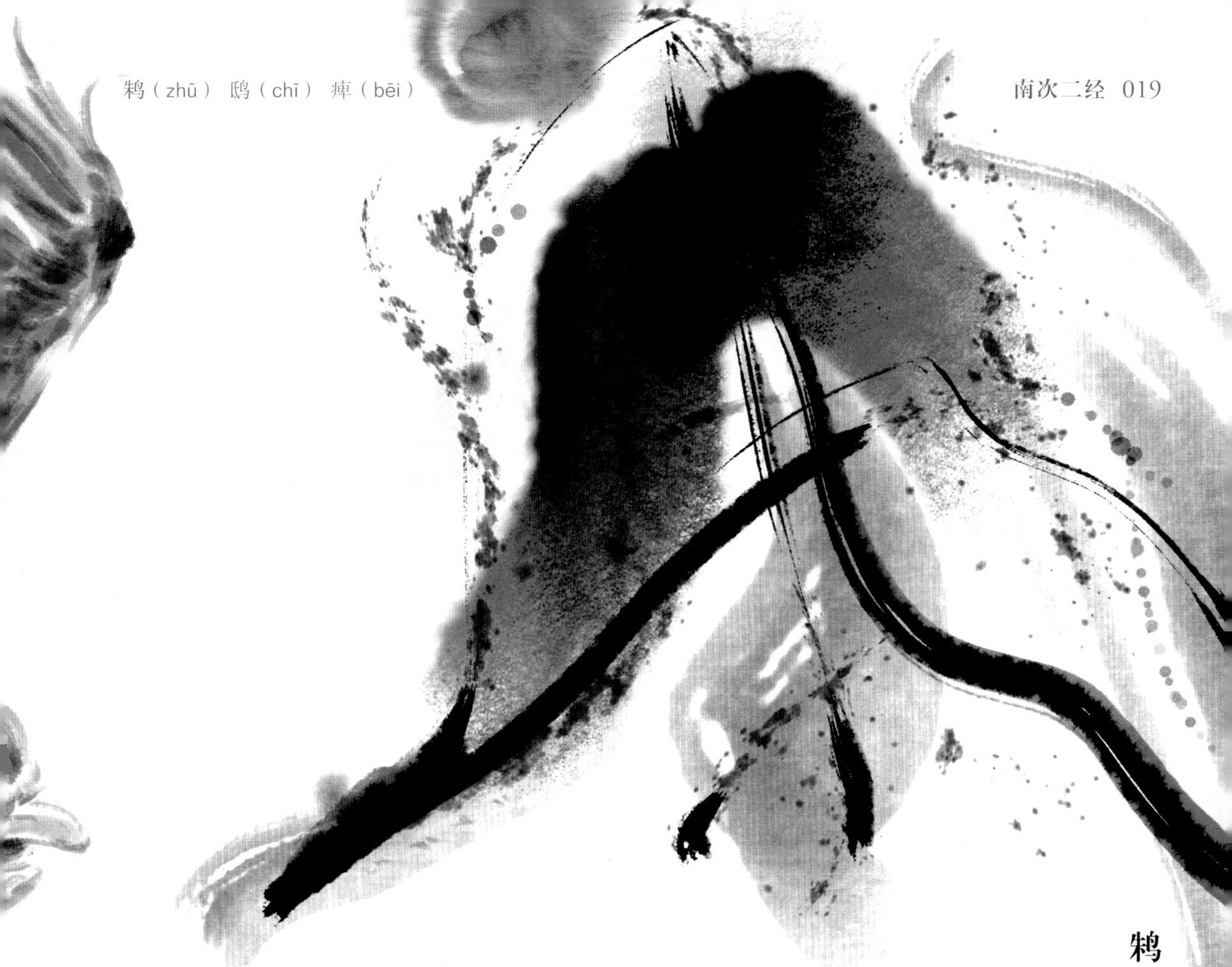

鴸

柜山，……有鸟焉，其状如鸱而人手，其音如痺，其名曰鴸，其名自号也，见则其县多放士。

注释

鸱：鹞鹰。一种凶猛的飞禽，常捕食小型鸟类。

痺：雌鹌鹑。

放士：被流放的文士。

解说

鴸长得像鹞鹰，爪子像人手，叫声就像在呼喊自己的名字。它出现的郡县，会有众多文士被流放。

传说鴸是尧的儿子丹朱的化身。尧认为丹朱没有能力治理国家，于是把天下让给了舜。丹朱心有不甘，便联合三苗部族起兵抗尧，但以失败告终。丹朱羞愧难当，自投南海而死，化作鴸鸟。

长右

长右之山，无草木，多水。有兽焉，其状如禺而四耳，其名长右，其音如吟，见则郡县大水。

解说

长右是一种像长尾猿猴的野兽，长着四只耳朵，叫声像人的呻吟声。它出现的地方会发生水灾。

猾褢

尧光之山，……有兽焉，其状如人而彘鬣，穴居而冬蛰，其名曰猾褢，其音如斫木，见则县有大繇。

注释

鬣：泛指动物头颈上的长毛。

斫：用刀斧等砍或削。

繇：通『徭』，徭役。

解说

猾褢外形像人，但身上长满了像猪鬃一样的毛，叫声像砍伐木头的声音。它住在洞穴中，冬天蛰伏不出。它出现的地方会有繁重的徭役。

浮玉之山，……有兽焉，其状如虎而牛尾，其音如吠犬，其名曰彘，是食人。

解说

彘是一种食人兽，外形像老虎，长着牛尾巴，声音像犬吠。

彘

鮆鱼

浮玉之山，……苕水出于其阴，北流注于具区，其中多鮆鱼。

注释

具区：太湖。

解说

郭璞认为鮆鱼是一种狭薄而长头的鱼，又名刀鱼。《北次二经》县雍山晋水中也有鮆鱼，『其状如儵而赤鳞』。这两处鮆鱼应是同一种鱼，本书结合两处形象绘图。

䍺

洵山，……有兽焉，其状如羊而无口，不可杀也，其名曰䍺。

注释

不可杀：不能死，这里指䍺这种兽不吃东西也不会死。

解说

䍺是一种像羊的野兽，它没有嘴，即便不吃不喝也能自如地活着。

蛊雕

鹿吴之山，……泽更之水出焉，而南流注于滂水。水有兽焉，名曰蛊雕，其状如雕而有角，其音如婴儿之音，是食人。

解说

蛊雕是一种生活在水中的食人兽，它形状像雕，头上长着角，叫声像婴儿的啼哭声。

龙身鸟首神

自柜山至于漆吴之山，凡十七山，七千二百里。其神状皆龙身而鸟首。

解说

龙身鸟首神是从柜山到漆吴山共十七座山的山神，他们的特点是龙身鸟首。

犀

祷过之山，其上多金、玉，其下多犀、兕，多象。

解说

犀即现实世界中的犀牛，分布于非洲和东南亚一带，是现存最大的奇蹄目动物，也是现有的体形仅次于大象的陆地动物。

兕

祷过之山，其上多金、玉，其下多犀、兕，多象。

解说

兕是一种独角兽，身体像水牛，毛皮呈青色。此外，《海内南经》舜葬东有兕，其『状如牛，苍黑，一角』。本书据此绘图。

象

祷过之山，其上多金、玉，其下多犀、兕，多象。

解说

象即现实世界中的象。象在《山海经》中多次出现，《中次九经》岷山、鬲山多象，《海内南经》有巴蛇食象，《大荒南经》苍梧之野有象，《海内经》朱卷之国有黑蛇食象。

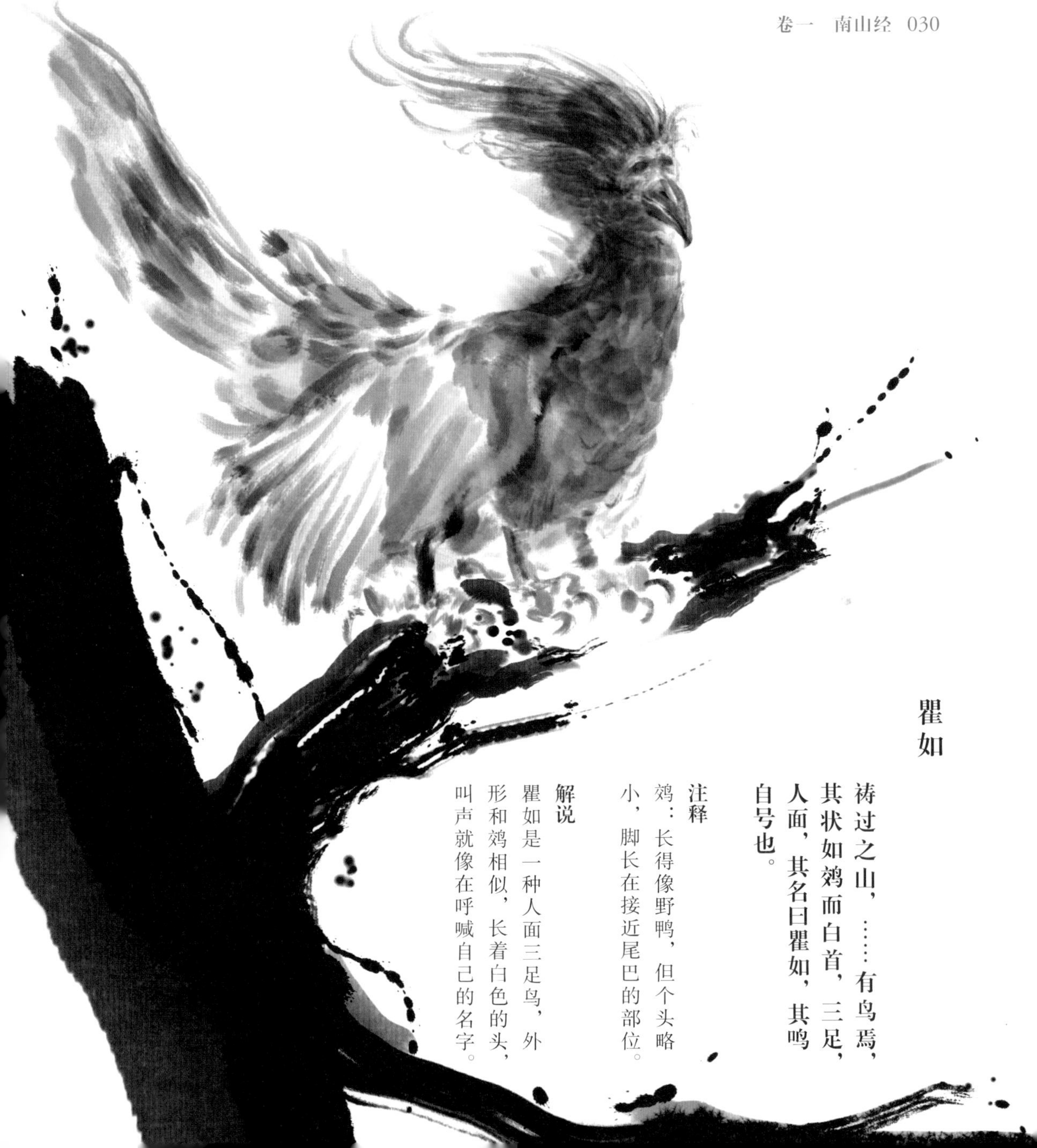

瞿如

祷过之山，……有鸟焉，其状如䴔而白首，三足，人面，其名曰瞿如，其鸣自号也。

注释

䴔：长得像野鸭，但个头略小，脚长在接近尾巴的部位。

解说

瞿如是一种人面三足鸟，外形和䴔相似，长着白色的头，叫声就像在呼喊自己的名字。

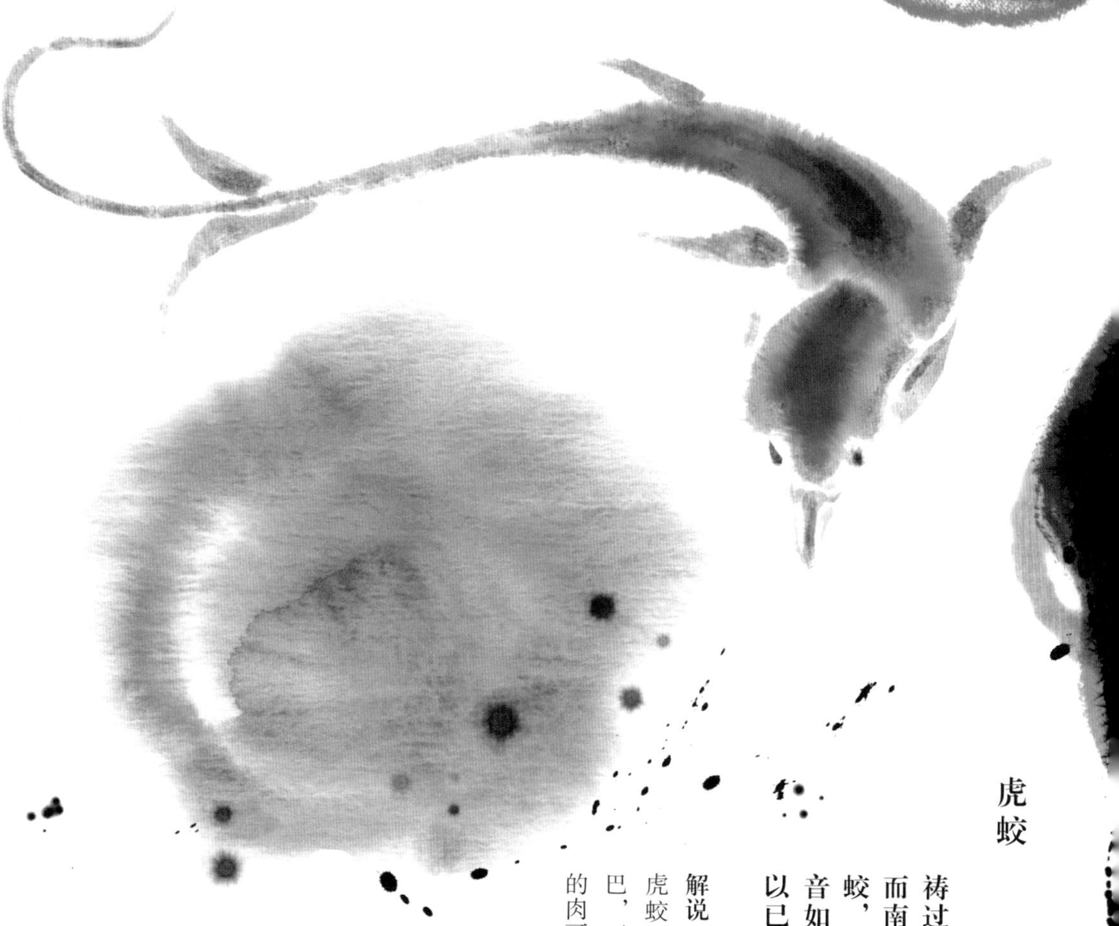

虎蛟

祷过之山，……泿水出焉，而南流注于海。其中有虎蛟，其状鱼身而蛇尾，其音如鸳鸯，食者不肿，可以已痔。

解说

虎蛟外形像鱼，长着蛇的尾巴，叫声似鸳鸯。人吃了它的肉可以预防痈肿，治疗痔疮。

凤皇

丹穴之山，……有鸟焉，其状如鸡，五采而文，名曰凤皇，首文曰德，翼文曰义，背文曰礼，膺文曰仁，腹文曰信。是鸟也，饮食自然，自歌自舞，见则天下安宁。

注释

膺：胸。

解说

凤皇即凤凰，是传说中的鸟中之王。它外形像鸡，身上长着五彩有纹理的羽毛，纹理呈现出不同的文字：头上是『德』字，翅膀上是『义』字，背部是『礼』字，胸部是『仁』字，腹部是『信』字。它一出现天下就会安宁。

鱄鱼

鸡山，……黑水出焉，而南流注于海。其中有鱄鱼，其状如鲋而彘毛，其音如豚，见则天下大旱。

注释

鲋：鲫鱼。

解说

鱄鱼是一种怪鱼，形状与鲫鱼相似，但长着猪毛，叫声也很像小猪的声音。它一出现天下就会大旱。

颙

令丘之山，……有鸟焉，其状如枭，人面四目而有耳，其名曰颙，其鸣自号也，见则天下大旱。

注释

枭：同『鸮』，猫头鹰。

解说

颙的形状像猫头鹰，长着一副人脸，有四只眼睛和一对耳朵，它的叫声就像在呼喊自己的名字。它一出现天下就会大旱。

龙身人面神

自天虞之山以至南禺之山，凡一十四山，六千五百三十里。其神皆龙身而人面。

解说

龙身人面神是从天虞山到南禺山共十四座山的山神，他们的特点是龙身人面。

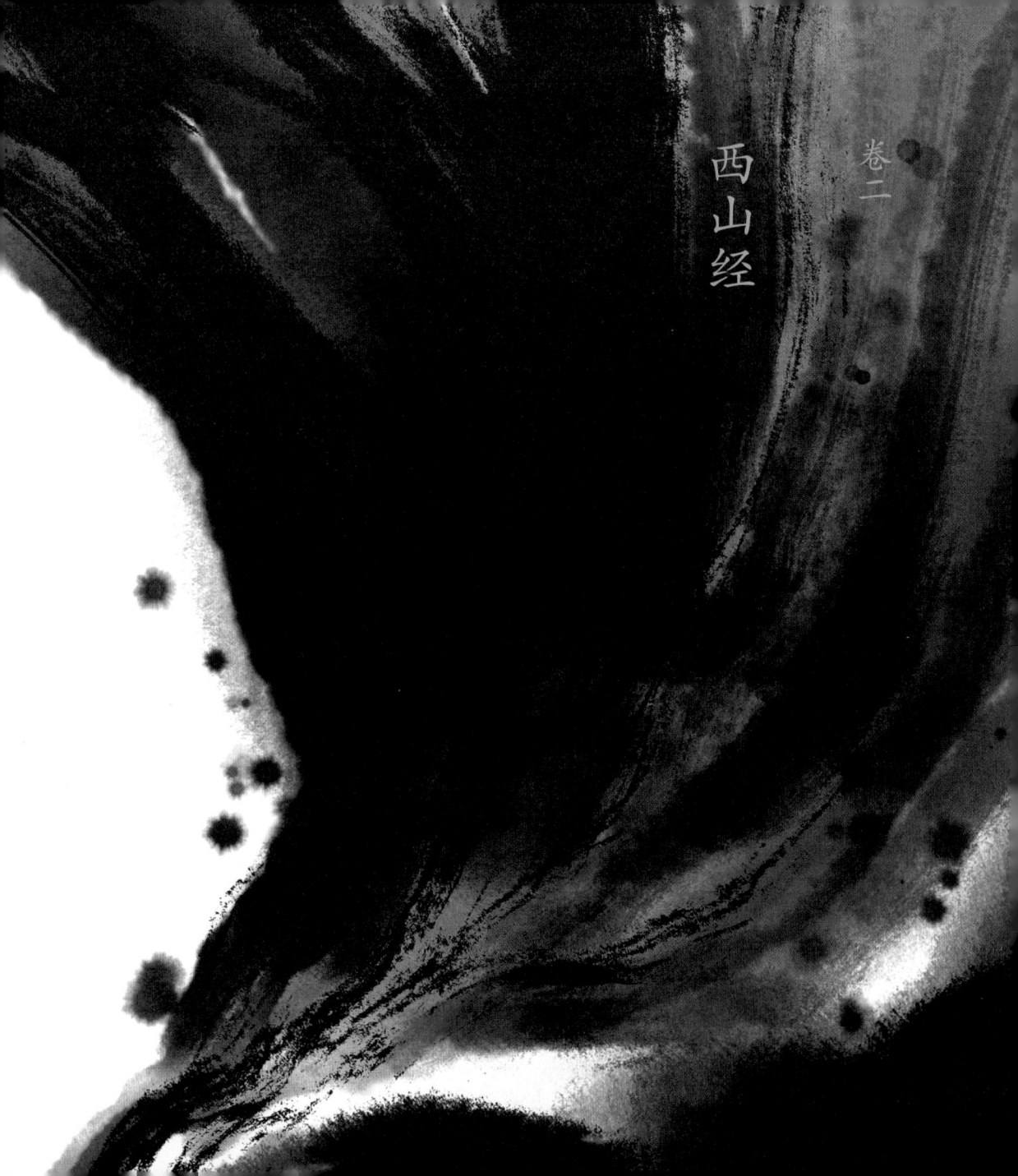

卷二

西山经

羬羊

钱来之山，……有兽焉，其状如羊而马尾，名曰羬羊，其脂可以已腊。

注释

腊：风干的腊肉。这里是指皮肤皴裂。

解说

羬羊的外形像羊，但长着马一样的尾巴。它的油脂可以治疗皮肤皴裂。

螐渠

松果之山，……有鸟焉，其名曰螐渠，其状如山鸡，黑身赤足，可以已䐹。

注释

䐹：皮肤干裂发皱，俗称爆皮。

解说

螐渠长得像山鸡，身体是黑色的，爪子是红色的。它的油脂可以治疗皮肤干裂。

肥遗

太华之山，……有蛇焉，名曰肥𧔥，六足四翼，见则天下大旱。

注释

肥𧔥：郝懿行认为『𧔥』当为『遗』。

解说

肥遗是一种毒蛇，长着六只脚、四只翅膀。它一出现天下就会大旱。

此外，肥遗又见于《西山经》英山、《北山经》浑夕山和《北次三经》的彭毗山，但英山、浑夕山的肥遗与此处肥遗蛇同名不同类。

㸲牛

小华之山，其木多荆、杞，其兽多㸲牛……

解说

㸲牛是一种体形硕大的野牛。

㸲（zuó）

赤鷩

小华之山，其木多荆、杞，其兽多㸲牛……鸟多赤鷩，可以御火。

解说

赤鷩是一种像山鸡的禽鸟，有金黄的冠子、黄色的背、绿色的头，尾巴中掺杂着红色的羽毛，胸部和腹部也是红色的。人饲养它可以防御火灾。

葱聋

符禺之山，……其兽多葱聋，其状如羊而赤鬣。

解说

葱聋的形状像羊，脖颈上长着红色的长毛。古人认为葱聋是野山羊的一种。

䲵

符禺之山，……其鸟多䲵，其状如翠而赤喙，可以御火。

注释

翠：翠鸟。

解说

䲵的形状像翠鸟，体形娇小，红嘴短尾。人饲养它可以防御火灾。

鲊鱼

英山，……禺水出焉，北流注于招水，其中多鲊鱼，其状如鳖，其音如羊。

解说

鲊鱼的形状像鳖，但长着鱼尾巴，发出的声音像羊叫。

肥遗

英山，……有鸟焉，其状如鹑，黄身而赤喙，其名曰肥遗，食之已疠，可以杀虫。

注释

鹑：鹌鹑。

解说

肥遗是一种像鹌鹑的鸟，它身体是黄色的，嘴是红色的。人吃了它的肉可以治疗麻风病，还能杀死体内的寄生虫。此处的肥遗与《西山经》太华山的肥遗、《北山经》浑夕山的肥遗截然不同。

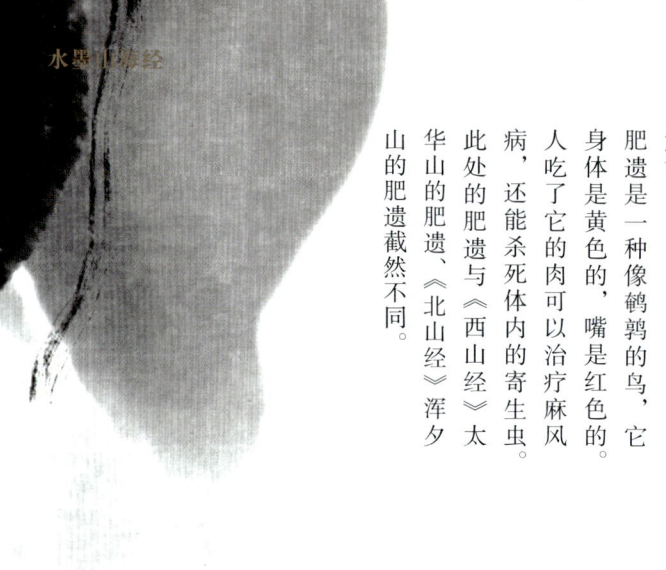

人鱼

竹山，……丹水出焉，东南流注于洛水，其中多水玉，多人鱼。

解说

人鱼即鲵鱼，身体长而扁，生长在山溪中，肉质鲜美。因其叫声像婴儿啼哭，故又被称为『娃娃鱼』。人鱼又见于《北次三经》龙侯山，《中次四经》熊耳山，《中次六经》傅山、阳华山，《中次十一经》朝歌山、葴山等。

豪彘

竹山，……有兽焉，其状如豚而白毛，大如笄而黑端，名曰豪彘。

注释

笄：簪子。有研究者认为『大如笄』前疑脱一『毛』字。

解说

豪彘即豪猪，也叫箭猪。它样子像小猪，长着像簪子般粗大的白毛，毛尖端呈黑色。

嚣

羭次之山，……有兽焉，其状如禺而长臂，善投，其名曰嚣。

解说

嚣的外形像猿猴，手臂很长，是一种擅长投掷的野兽。

橐𩇯

羭次之山，……有鸟焉，其状如枭，人面而一足，曰橐𩇯，冬见夏蛰，服之不畏雷。

注释

蛰：指动物休眠时不食不动的状态。

解说

橐𩇯的外形像猫头鹰，长着人脸，只有一只脚，冬天出现而夏天蛰伏。人佩戴它的羽毛就不害怕雷霆。

猛豹

南山，上多丹粟。丹水出焉，北流注于渭。兽多猛豹，鸟多尸鸠。

解说

猛豹的形体像熊而比熊略小，皮毛色浅，有光泽。它以蛇为食，也能吃铜铁。

尸鸠

南山，上多丹粟。丹水出焉，北流注于渭。兽多猛豹，鸟多尸鸠。

解说

研究者认为尸鸠即鸤鸠，属布谷鸟一类。《本草纲目·鸤鸠释名》中说鸤鸠或即鸣鸠，『鸤』乃『鸣』字之讹。李时珍引《毛诗疏义》说：鸣鸠大小与斑鸠相近，羽毛带黄色，鸣叫时相互呼应却不聚集；不会做鸟巢，多居住于树穴或空置的鹊巢中。本书据此绘图。

郭郛认为尸鸠即尸鹫，是一种大型猛禽，以动物的尸体为食物。

熊

嶓冢之山，……兽多犀、兕、熊、罴，鸟多白翰、赤鷩。

解说

熊即现实世界中的熊。

罴

嶓冢之山，……兽多犀、兕、熊、罴，鸟多白翰、赤鷩。

解说

罴是熊的一种，俗称人熊。罴的头比较长，性凶猛，力气大到可以拔树。

白翰

嶓冢之山，……兽多犀、兕、熊、罴，鸟多白翰、赤鷩。

解说

白翰是一种吉祥鸟，也叫白雉、白鹇。雄性白翰的上身和两翼呈白色，有长长的尾巴，尾巴中间的羽毛是纯白色的，经常栖息在竹林里。

谿边

天帝之山，……有兽焉，其状如狗，名曰谿边，席其皮者不蛊。

解说

谿边是一种外形像狗的奇兽。人坐在用它的皮毛制成的垫子上可以避开妖邪之气。

栎

天帝之山，……有鸟焉，其状如鹑，黑文而赤翁，名曰栎，食之已痔。

解说

栎是一种禽鸟，外形像鹌鹑，长着黑色的花纹和红色的颈纹。人吃了它的肉可以治疗痔疮。

玃如

皋涂之山，……有兽焉，其状如鹿而白尾，马足人手而四角，名曰[犭嬰]如。

注释

[犭嬰]：郝懿行认为『[犭嬰]』是『玃』字之讹。

解说

玃如的外形像鹿，长着白色的尾巴、马一样的后蹄和人手一样的前蹄，有四只角。

数斯

皋涂之山，……有鸟焉，其状如鸱而人足，名曰数斯，食之已瘿。

解说

数斯的外形像鹞鹰，长着人脚一样的爪子。人吃了它的肉能治疗脖子上的肿瘤。

㸲

黄山，……有兽焉，其状如牛，而苍黑大目，其名曰㸲。

解说

㸲是一种似牛的野兽，皮毛呈青黑色，眼睛特别大。

鹦䳇

黄山，……有鸟焉，其状如鸮，青羽赤喙，人舌能言，名曰鹦䳇。

解说

鹦䳇的外形像猫头鹰，长着青色的羽毛和红色的嘴，有人一样的舌头且能学人说话。

翠山，……其阴多㸲牛、麢、麝。

麝

解说

麝俗称香獐，它形状像鹿，体形比鹿小，没有角，前腿短些，后腿长，蹄子小，耳朵大，尾巴短，毛是黑褐色或灰褐色的，擅长跳跃。雄麝有麝腺，可分泌麝香。麝香可制成药品或香料。

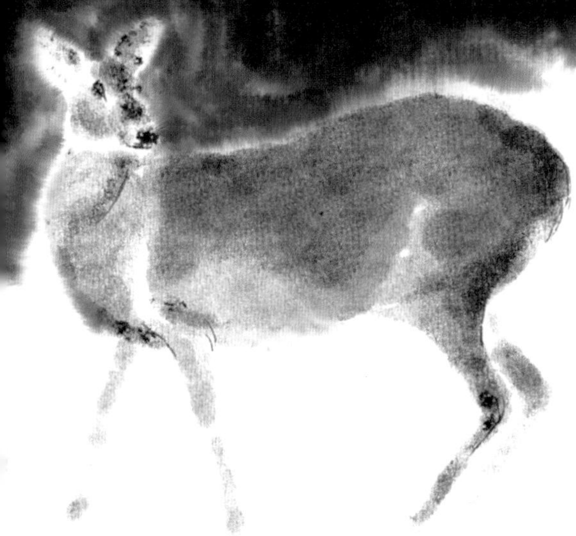

麢

解说

麢即羚羊，它外形和羊相似，角比羊角大，喜欢在山崖间活动。

旄牛

解说

旄牛即牦牛。《北山经》潘侯山也提到旄牛，『其状如牛而四节生毛』。

鸓

翠山，……其鸟多鸓，其状如鹊，赤黑而两首四足，可以御火。

解说

鸓的形状像喜鹊，长着红黑色的羽毛，有两个脑袋、四只脚。人饲养它可以预防火灾。

羭山神

自钱来之山至于䰠山，凡十九山，二千九百五十七里。华山，冢也，其祠之礼：太牢。羭山神也，祠之用烛……

解说

羭山神是从钱来山至䰠山共十九座山的山神。研究者认为，羭山神的形象可能是人面羊身。

鸾鸟

女床之山，……有鸟焉，其状如翟而五采文，名曰鸾鸟，见则天下安宁。

注释

翟：一种长尾野鸡。

解说

鸾鸟的外形像野鸡，但羽毛五彩斑斓。鸾鸟和凤凰同类，是一种瑞鸟，它一出现就会天下太平、社会安定。

鸾鸟又见于《海外西经》诸夭之野、《海内西经》开明西、《大荒南经》载民国、《大荒北经》附禺山、《海内经》都广之野等。

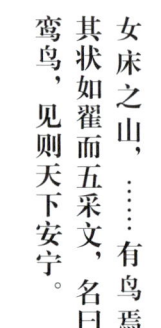

凫徯

鹿台之山，……有鸟焉，其状如雄鸡而人面，名曰凫徯，其鸣自叫也，见则有兵。

解说

凫徯是一种像公鸡的鸟，长着人的面孔，叫声就像在叫自己的名字。它一出现就会发生战争。

《山海经》中出现的『人面鸟』有很多，如《南山经》的瞿如、颙，《西山经》的橐𩇯、凫徯、人面鸮，《北山经》的竦斯。

朱厌

小次之山，……有兽焉，其状如猿，而白首赤足，名曰朱厌，见则大兵。

解说

朱厌是一种外形像猿猴野兽，长着白色的头和红色的脚。它一出现就会发生大规模战争。

虎

厎阳之山，……其兽多犀、兕、虎、犳、㸲牛。

注释

厎：郝懿行认为『厎』为『底』字之讹。

解说

虎即现实世界中的虎。

犳

庢阳之山，……其兽多犀、兕、虎、犳、㸲牛。

解说

犳是一种形状像狗、身带豹纹的野兽。

犳又见于《中次八经》的铜山。

麋

西皇之山，……其兽多麋、鹿、牸牛。

解说

麋即现实世界中的麋鹿，它长着淡褐色的毛，背部颜色较浓，腹部较浅，雄性有角。它的角像鹿角却非鹿，头似马头却非马，身体似驴却非驴，蹄子似牛却非牛，因此又被古人称为『四不像』。

罗罗

檀（tán） 楮（chǔ）

莱山，其木多檀、楮，其鸟多罗罗，是食人。

解说

罗罗是一种食人鸟。郭郛认为：罗罗可能是黑兀鹫或秃鹫之类的食腐鸟；因其嗜食人和动物的尸体，疑为上天差遣，故被古人敬若神明。此外，《海外北经》有兽名罗罗，与此处罗罗同名不同类。

人面马身神

自铃山至于莱山，凡十七山，四千一百四十里。其十神者，皆人面而马身。

解说

从铃山到莱山共有十七座山，其中十座山的山神是人面马身神，他们的特点是人面马身。

飞兽之神

自铃山至于莱山，凡十七山，四千一百四十里。其十神者，皆人面而马身。其七神皆人面牛身，四足而一臂，操杖以行，是为飞兽之神。

解说

从铃山到莱山共有十七座山，其中十座山的山神是人面马身神，其余七座山的山神是人面牛身神。人面牛身神长着四条腿和一条手臂，行走时需要操着拐杖。他们被称为『飞兽之神』。

举父

崇吾之山，……有兽焉，其状如禺而文臂，豹虎而善投，名曰举父。

注释

豹虎：袁珂认为『虎』疑是『尾』字之讹。

解说

举父是一种像猿猴的野兽，它手臂上长有斑纹，尾巴像豹子一样，擅长投掷。

蛮蛮

崇吾之山，……有鸟焉，其状如凫，而一翼一目，相得乃飞，名曰蛮蛮，见则天下大水。

解说

蛮蛮长得像野鸭子，只有一只翅膀和一只眼睛，两只蛮蛮鸟相并才能飞行。这是一种祸鸟，它一出现天下就会发生水灾。

蛮蛮鸟『一翼一目，相得乃飞』的特点与传说中的比翼鸟非常相似；但比翼鸟是一种吉祥鸟，象征着比翼双飞，与蛮蛮鸟截然不同。

注释

晨鹄：鹗鹰一类的鸟。

解说

大鹗是钦䲹被杀后化成的一种鸟，它长着白脑袋、红嘴巴、老虎一样的爪子，身上有黑色斑纹，叫声像晨鹄。它一出现就会发生大规模战争。

大鹗

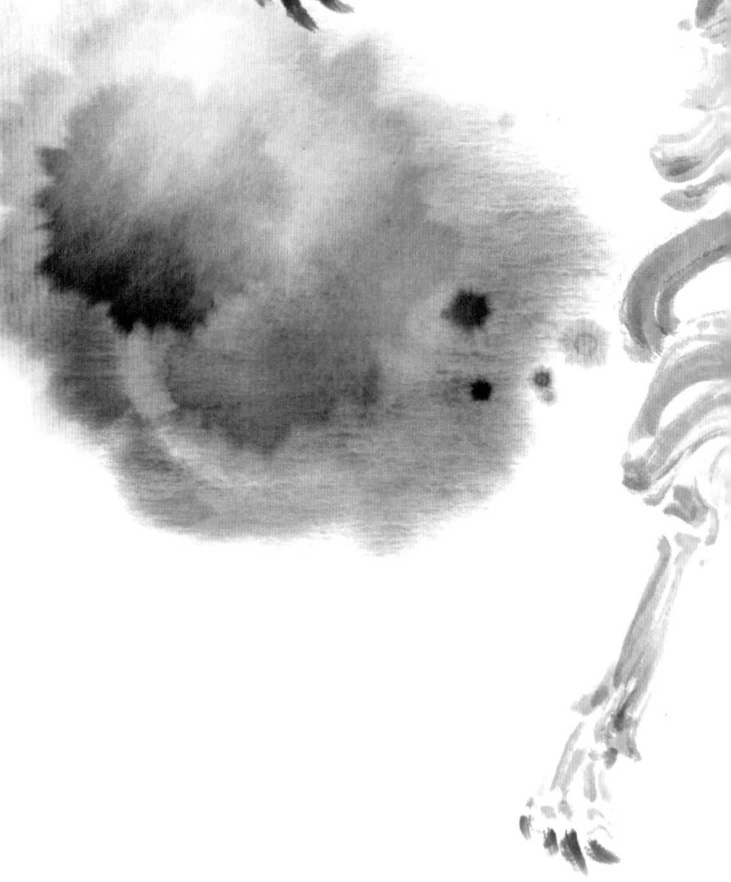

鼓

解说

鼓是钟山山神的儿子，长着人的面孔和龙的身体。他曾经和天神钦䲹联手在昆仑山南面杀死了天神葆江，天帝知道后很生气，因此在钟山东部的嶢崖诛杀了鼓和钦䲹。鼓死后化为一只鵕鸟，钦䲹死后化为一只大鹗。

钟山，其子曰鼓，其状如人面而龙身，是与钦䲹杀葆江于昆仑之阳，帝乃戮之钟山之东，曰嶢崖。钦䲹化为大鹗，其状如雕而黑文白首，赤喙而虎爪，其音如晨鹄，见则有大兵；鼓亦化为鵔鸟，其状如鸱，赤足而直喙，黄文而白首，其音如鹄，见即其邑大旱。

解说

鵔鸟是钟山山神的儿子鼓死后所化的一种鸟。它外形像鹞鹰，长着红色的脚和直直的嘴，身上有黄色斑纹，头是白色的，叫声像鸿鹄。它出现的地方会有旱灾。

鵔鸟

文鳐鱼

泰器之山。观水出焉，西流注于流沙。是多文鳐鱼，状如鲤鱼，鱼身而鸟翼，苍文而白首赤喙，常行西海，游于东海，以夜飞。其音如鸾鸡，其味酸甘，食之已狂，见则天下大穰。

注释

鸾鸡：传说中的一种鸟。

穰：本义是成熟的庄稼，这里指粮食大丰收。

解说

文鳐鱼外形像鲤鱼，却长着鸟翅膀；头是白色的，嘴是赤色的，全身布满青色斑纹。文鳐鱼常常夜间飞行，从西海巡游到东海。它的叫声像鸾鸡，肉酸甜可口，人吃了它的肉可以治疗疯癫病。文鳐鱼是一种祥瑞之鱼，它一出现，天下就会五谷丰登。

蠃母

槐江之山，丘时之水出焉，而北流注于泑水。其中多蠃母……

注释

蠃：同『螺』。

解说

郭郛认为蠃母是蜗牛和沼螺等螺蛳种类。

英招

槐江之山，……实惟帝之平圃，神英招司之，其状马身而人面，虎文而鸟翼，徇于四海，其音如榴。

注释

榴：郝懿行疑『榴』当为『㨨』，『㨨』即『抽』字。

解说

英招是槐江山的山神，他的形状像马，但长着人的面孔、鸟的翅膀，披着老虎一样的斑纹。他发出的声音就像辘轳抽水声。英招是天帝天然牧场的管理者，他巡行四海传达天帝的命令。

槐江山天神

槐江之山，……有天神焉，其状如牛，而八足二首马尾，其音如勃皇，见则其邑有兵。

解说

槐江山天神长得像牛，但有八只脚、两个脑袋，还长着马的尾巴。他的叫声就像人吹奏乐器时薄膜发出来的震动声。他出现的地方会发生战争。

陆吾

昆仑之丘，是实惟帝之下都，神陆吾司之。其神状虎身而九尾，人面而虎爪。是神也，司天之九部及帝之囿时。

注释

囿：古代帝王畜养禽兽的园林。

解说

陆吾是昆仑丘的守卫者，也是一位山神。他外形像老虎，面部像人脸，长着虎爪，有九条尾巴。他掌管着天上的九域领地，还负责安排天帝苑囿的时节。

土蝼

昆仑之丘，……有兽焉，其状如羊而四角，名曰土蝼，是食人。

解说

土蝼是一种食人兽，它长得像羊，有四只角。

钦原

昆仑之丘，……有鸟焉，其状如蜂，大如鸳鸯，名曰钦原，蠚鸟兽则死，蠚木则枯。

注释

蠚：蜂、蝎子等毒虫咬或刺。

解说

钦原是一种像蜂的鸟，大小和鸳鸯相近。被它咬过的鸟兽会死，被它刺过的草木会枯萎。

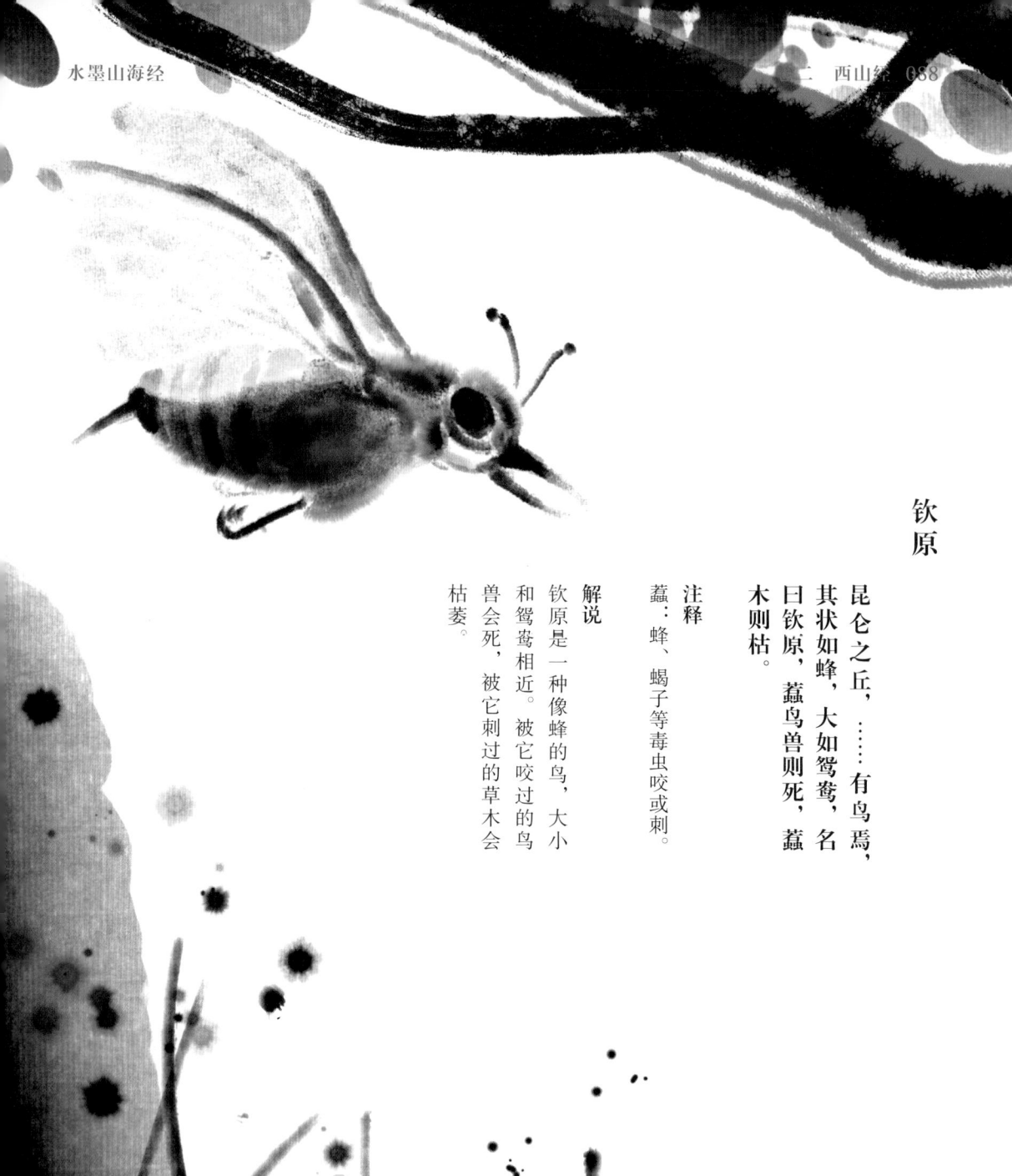

䱻鱼

乐游之山，桃水出焉，西流注于稷泽，是多白玉。其中多䱻鱼，其状如蛇而四足，是食鱼。

解说

䱻鱼的形状像蛇，长着四只脚，以鱼类为食。

䱻鱼又见于《东次四经》子桐山，但与此处同名不同类。

长乘

嬴母之山，神长乘司之，是天之九德也。其神状如人而犳尾。

解说

长乘是主管嬴母山的天神，他由天上九德之气化生而成，外形像人的模样，但长着犳的尾巴。

西王母

玉山，是西王母所居也。西王母其状如人，豹尾虎齿而善啸，蓬发戴胜，是司天之厉及五残。

注释

胜：指玉胜，一种玉制的首饰。

解说

西王母样子像人，但长着豹子的尾巴和老虎的牙。她蓬松的头发上戴着玉胜，擅长像野兽一样啸鸣。西王母是主管上天灾疠和五刑残杀之气的神。

狡

玉山，……有兽焉，其状如犬而豹文，其角如牛，其名曰狡，其音如吠犬，见则其国大穰。

解说

狡是一种外形像狗的野兽，它身披豹纹，角像牛角，叫声像犬吠。它出现的国家会风调雨顺、五谷丰登。

胜遇

玉山，……有鸟焉，其状如翟而赤，名曰胜遇，是食鱼，其音如录，见则其国大水。

注释

录：吴任臣认为『录』字『疑为鹿之借字』。

解说

胜遇是一种像野鸡的鸟，全身红色，以鱼为食，发出的声音像鹿鸣。它出现的国家会发生水灾。

胜（qìng）

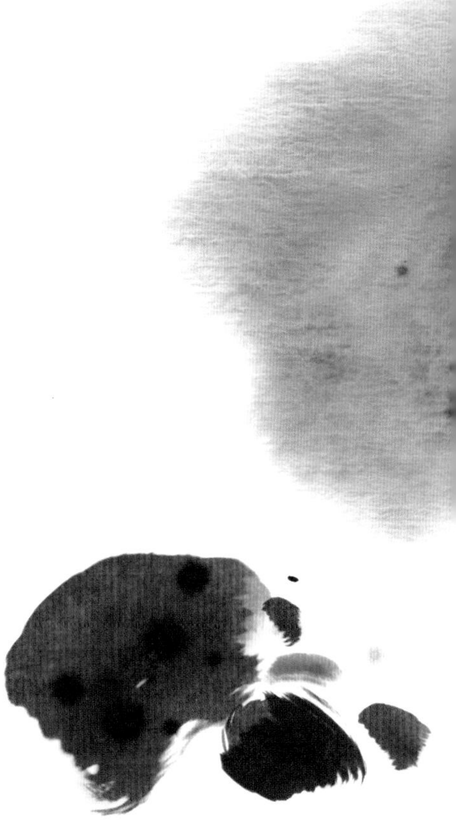

解说

魄氏就是白帝少昊，他是负责太阳西沉时把影子折向东方的神。少昊曾经在东海之外的大壑，即五神山之一的归墟，建立少昊之国。少昊之国是一个鸟的王国，其百官由鸟来担任，而少昊则是百鸟之王。后来，他返回西方，与他的儿子金神蓐收作为西方天帝，管理西方一万二千里的地方。

狰

章莪之山，……有兽焉，其状如赤豹，五尾一角，其音如击石，其名如狰。

注释

如狰：郝懿行认为『如』当为『曰』字之讹。

解说

狰的外形像赤色的豹子，有五条尾巴和一只角，它的叫声像敲击石头的声音。

魄氏

长留之山，其神白帝少昊居之。其兽皆文尾，其鸟皆文首。是多文玉石。实惟员神魄氏之宫。是神也，主司反景。

注释

景：同『影』字。

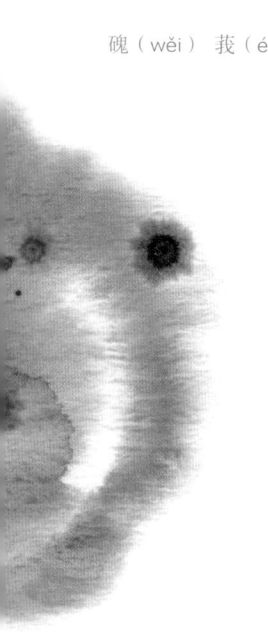

毕方

章莪之山，……有鸟焉，其状如鹤，一足，赤文青质而白喙，名曰毕方，其鸣自叫也，见则其邑有讹火。

注释

讹火：怪火，莫名其妙烧起来的火。

解说

毕方外形像鹤，只有一只脚，身上有红色的斑纹，长着青色的羽毛、白色的嘴巴。它的叫声就像在叫自己的名字，它出现的地方会发生不明原因的火灾。

毕方又见于《海外南经》，『其为鸟人面一脚』，与此处不同。

天狗

阴山，……有兽焉。其状如狸而白首，名曰天狗，其音如榴榴，可以御凶。

解说

天狗的样子像野猫，长着白色的头，会发出『榴榴』的叫声。人把它养在身边可以御凶辟邪。

此外，《大荒西经》中有天犬。这是一种红色的狗，它出现的地方会发生战争。

江疑

符惕之山，……神江疑居之。是山也，多怪雨，风云之所出也。

解说

江疑是符惕山的山神。符惕山附近常下怪雨，风云也常在此地兴起。

惕（tì）

三青鸟

三危之山，三青鸟居之。是山也，广员百里。

解说

三青鸟是专为西王母送取食物的鸟。三青鸟又见于《大荒西经》《海内北经》等。

傲徊

三危之山，……其上有兽焉，其状如牛，白身四角，其豪如披蓑，其名曰傲徊，是食人。

解说

傲徊是一种吃人的野兽，长得像牛，全身白色，有四只角；身上的毛又密又长，看上去像是披着蓑衣。有研究者认为，『傲徊』应作『獓㹶』。

傲（ào） 徊（yē）

鸱

三危之山，……有鸟焉，一首而三身，其状如䳜，其名曰鸱。

注释

䳜：传说中的一种鸟，像雕。

解说

鸱是一种奇特的鸟，长着一个头却有三个身体，外形和䳜相似。

需要说明的是，此处的鸱与现实世界中的鸱不同，现实世界中的鸱一般指鹞鹰或猫头鹰之类的鸟。

耆童

騩山，其上多玉而无石。神耆童居之，其音常如钟磬。其下多积蛇。

解说

耆童即老童，传说是音乐的创始人。他的声音像敲击钟磬的响声。

帝江

天山，……有神焉，其状如黄囊，赤如丹火，六足四翼，浑敦无面目，是识歌舞，实为帝江也。

注释

囊：袋子。

浑敦：即『混沌』，模糊，没有具体的形状。

解说

帝江是天山的山神，他外形像黄色的口袋，身上发出火红的光，长着六只脚和四只翅膀，面目模糊没有具体的样貌。他还懂得唱歌和跳舞。

蓐（rù）

蓐收

泑山，神蓐收居之。……是山也，西望日之所入，其气员，神红光之所司也。

解说

蓐收是泑山的山神，又名红光。传说他是天帝少昊的儿子，手里拿着钺，掌管太阳落山。

此外，《海外西经》亦有蓐收，其『左耳有蛇，乘两龙』。

讙

翼望之山，无草木，多金、玉。有兽焉，其状如狸，一目而三尾，名曰讙，其音如棄百声，是可以御凶，服之已瘅。

注释

棄：郝懿行认为『棄』是『奪』字之讹。『奪』是『夺』的繁体，这里是超出、压倒的意思。

瘅：通『疸』，黄疸病。

解说

讙长得像野猫，有一只眼睛和三条尾巴。它的叫声响亮，能压倒上百种动物一起鸣叫的声音。人把它养在身边可以御凶辟邪，吃了它的肉可以治疗黄疸病。

鵸鵌

翼望之山，……有鸟焉，其状如乌，三首六尾而善笑，名曰鵸鵌，服之使人不厌，又可以御凶。

注释

厌：通『魇』，噩梦。

解说

鵸鵌是一种像乌鸦的鸟，有三头六尾，喜欢嘻笑。人吃了它的肉就不会做噩梦，还可以御凶辟邪。

《北山经》的带山也有鵸鵌，其『五彩而赤文』，『自为牝牡』，与此处鵸鵌不同。

羊身人面神

崇吾之山至于翼望之山，凡二十三山，六千七百四十四里。其神状皆羊身人面。

解说

羊身人面神是从崇吾山到翼望山共二十三座山的山神，他们的特点是羊身人面。

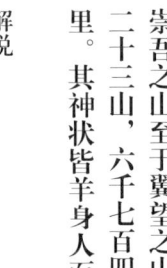

白鹿

上中之山，……兽多白鹿。

解说

中国传统文化中，白鹿是一种祥瑞之兽，乃仙人或高士的坐骑。李白《梦游天姥吟留别》有『且放白鹿青崖间，须行即骑访名山』句。

当扈

上申之山，……其鸟多当扈，其状如雉，以其髯飞，食之不眴目。

注释

髯：咽喉下的须毛。

眴目：眨眼睛。

解说

当扈是一种像野鸡的禽鸟，它飞行时把髯毛当作翅膀。人吃了它的肉就不会得眨眼睛的病。

白狼

解说

传统文化中，白狼是一种祥瑞之兽。

白虎

盂山，其阴多铁，其阳多铜，其兽多白狼、白虎。

解说

白虎是一种瑞兽，是天之四灵之一。

白於之山，……其鸟多鸮。

鸮

解说

鸮即猫头鹰，其眼睛位于正前方，状如猫目，喜欢在夜间活动，主食鼠类，是农林益鸟。因认识有局限性，古人常把鸮看作是一种恶声之鸟、祸鸟。

魑

刚山，……是多神魑，其状人面兽身，一足一手，其音如钦。

注释

钦：『吟』的假借字。

解说

魑是刚山的山神。他有野兽一样的身体，长着人的面孔，只有一只脚一只手，叫声就像人的呻吟声。

蛮蛮

刚山之尾。洛水出焉，而北流注于河。其中多蛮蛮，其状鼠身而鳖首，其音如吠犬。

解说

蛮蛮是一种怪兽，它长得像老鼠，有甲鱼一样的头，发出的声音像狗叫。此处的蛮蛮是水獭一类的动物，与《西次三经》崇吾山的蛮蛮完全不同。

冉遗鱼

英鞮之山，……渷水出焉，而北注于陵羊之泽。是多冉遗之鱼，鱼身蛇首六足，其目如马耳，食之使人不眯，可以御凶。

注释

眯：梦魇。

解说

冉遗鱼是一种长着蛇头的怪鱼，它有六只脚，眼睛的形状像马耳朵。人吃了它的肉就不会做噩梦，还可以御凶辟邪。

鞮（dī） 渷（yuān）

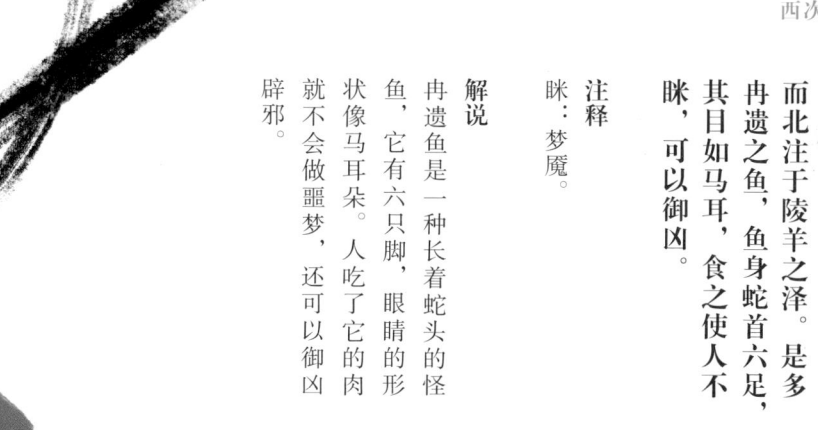

驳

中曲之山，……有兽焉，其状如马而白身黑尾，一角，虎牙爪，音如鼓音，其名曰驳，是食虎豹，可以御兵。

解说

驳的形状像马，全身皆白，只有尾巴是黑色的。它长着一只角，有老虎一样的牙齿和爪子，叫声如同鼓声，以老虎和豹子为食。人把它养在身边可以躲避兵器伤害。

驳又见于《海外北经》，其『状如白马，锯牙，食虎豹』，与此处的驳相似，或为同一类。

穷奇

邽山。其上有兽焉，其状如牛，猬毛，名曰穷奇，音如獋狗，是食人。

注释

獋：同『嗥』，吼叫。

解说

穷奇是一种形状像牛的食人兽，浑身长着刺猬般的硬毛，叫声像狗吠。

穷奇又见于《海内北经》，它『状如虎，有翼』，与此处穷奇同名不同类。

蠃鱼

邽山。……濛水出焉，南流注于洋水，其中多黄贝；蠃鱼，鱼身而鸟翼，音如鸳鸯，见则其邑大水。

解说

蠃鱼是一种长着鸟翅膀的怪鱼，叫声像鸳鸯。它出现的地方会发生水灾。

鳋鱼

鸟鼠同穴之山，其上多白虎、白玉。渭水出焉，而东流注于河。其中多鳋鱼，其状如鳣鱼，动则其邑有大兵。

注释

鳣：鲟鳇鱼的古称。

解说

鳋鱼的外形像鳣鱼，是一种祸鱼。它出现的地方会发生大规模战争。

鳋（sāo） 鳣（zhān）

䰻魮鱼

鸟鼠同穴之山，……滥水出于其西，西流注于汉水，多䰻魮之鱼，其状如覆铫，鸟首而鱼翼鱼尾，音如磬石之声，是生珠、玉。

注释

铫：吊子，一种小型烹饪器皿。

解说

䰻魮鱼长得像倒过来的铫，有鱼鳍鱼尾，却长着鸟头；它的叫声像敲击磬石的声音。这种鱼的身体里能够生长珠玉，类似珠母蚌。

孰湖

崦嵫之山，……有兽焉，其状马身而鸟翼，人面蛇尾，是好举人，名曰孰湖。

解说

孰湖是一种外形像马的野兽，长着鸟的翅膀、人的面孔、蛇的尾巴，它很喜欢把人高高地举起来。

人面鸮

崦嵫之山，……有鸟焉，其状如鸮而人面，蜼身犬尾，其名自号也，见则其邑大旱。

注释

蜼：传说中的一种长尾猿。

解说

人面鸮是一种怪鸟，它长着人的面孔、猿猴的身体和狗的尾巴。它的叫声就像在呼喊自己的名字，它出现的地方会发生旱灾。

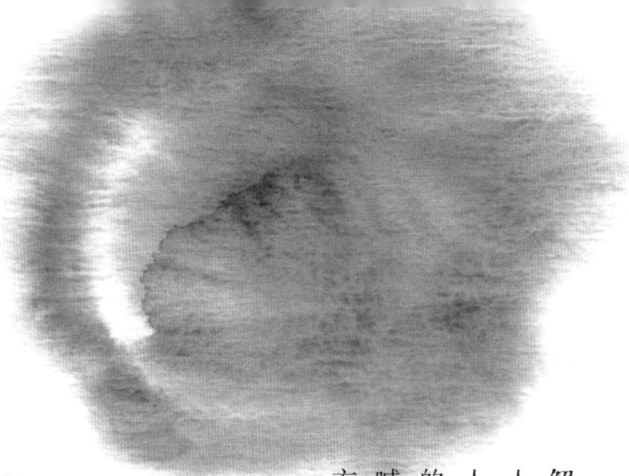

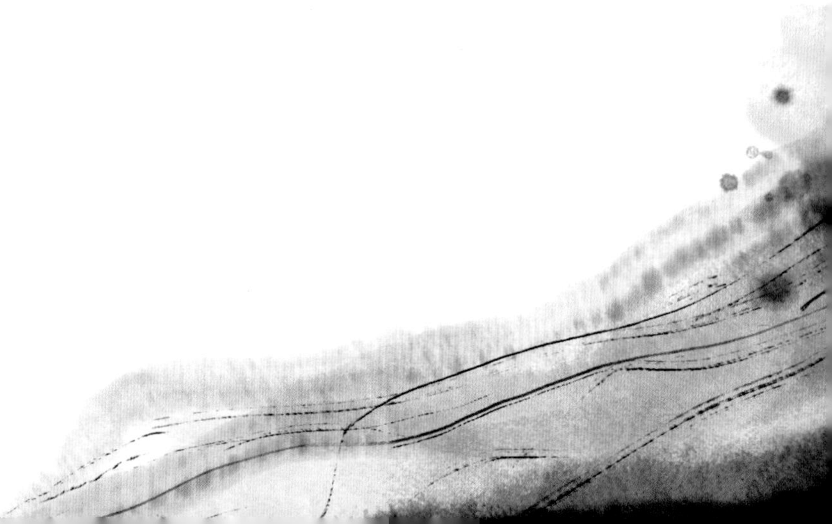

卷三
北山经

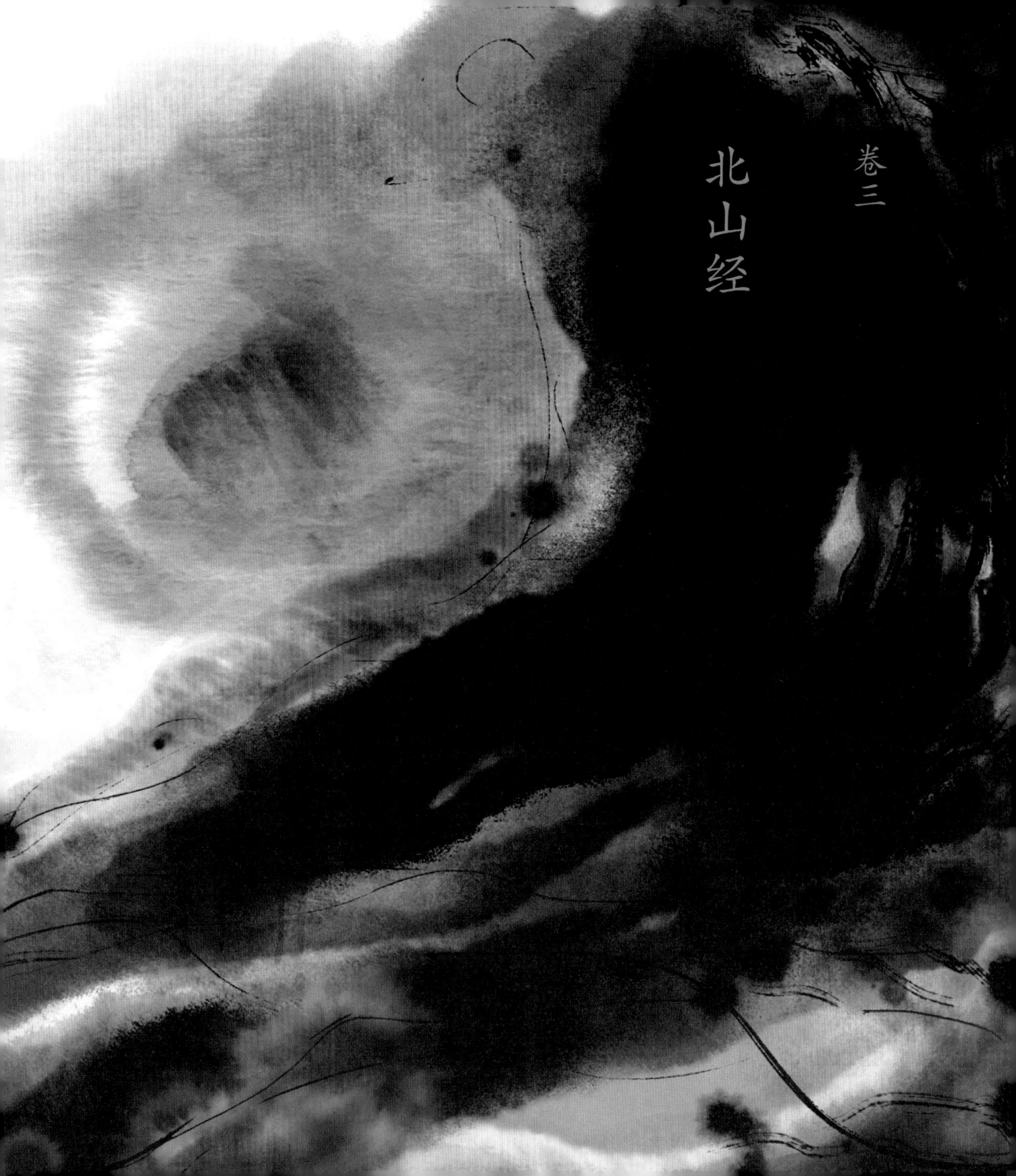

滑鱼

求如之山，……滑水出焉，而西流注于诸魮之水。其中多滑鱼，其状如鳝，赤背，其音如梧，食之已疣。

注释

梧：梧桐。这里指琴瑟声。

解说

滑鱼是一种形状像黄鳝的鱼。它脊背是红色的，叫声类似琴瑟声。人吃了它的肉可以治疗皮肤上的赘疣。

水马

求如之山，……其中多水马，其状如马，文臂牛尾，其音如呼。

解说

水马是一种灵瑞之兽，外形似马，前腿有花纹，长着牛尾巴，叫起来像人在呼喊。

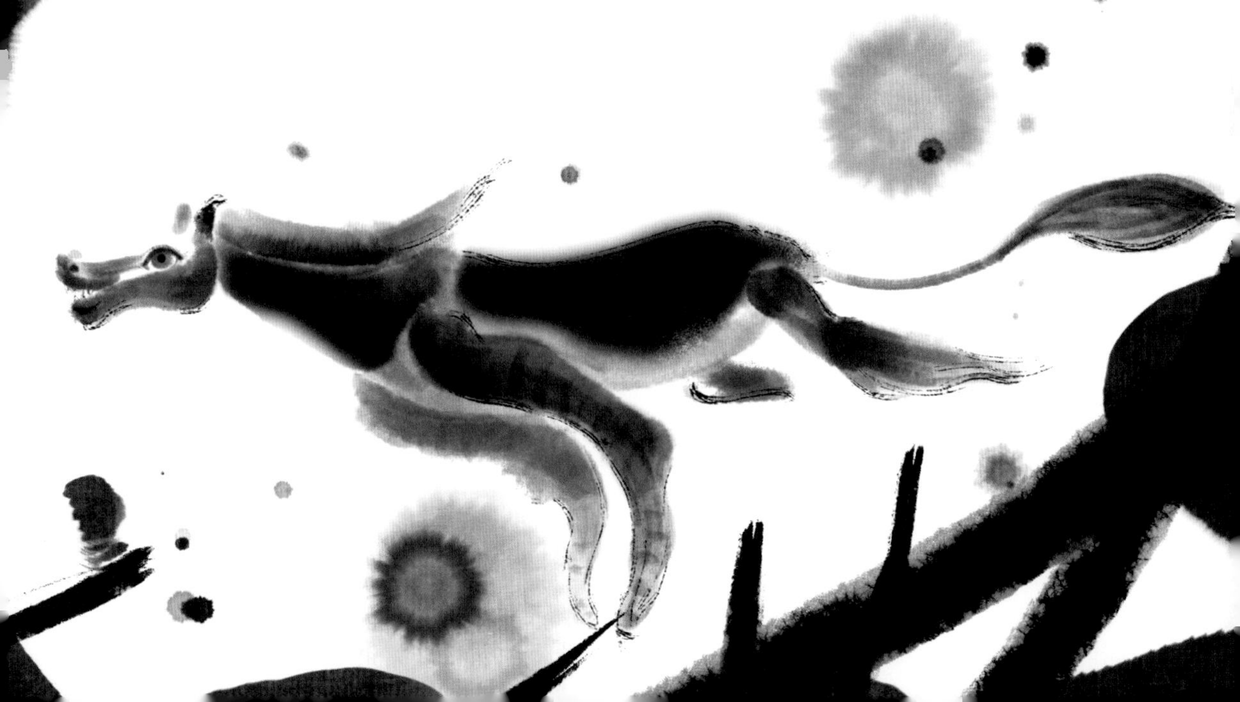

䑏疏

带山，……有兽焉，其状如马，一角有错，其名曰䑏疏，可以辟火。

注释

错：通『厝』，磨刀石。

解说

䑏疏长得像马，头上有一只角。这只角坚硬粗糙，像磨刀石一样。人饲养䑏疏可以防御火灾。

䑏（huān）

鵸鵌

带山，……有鸟焉，其状如乌，五采而赤文，名曰鵸鵌，是自为牝牡，食之不疽。

解说

鵸鵌的形状像乌鸦，身披五彩羽翼，上有赤色斑纹。这是一种雌雄同体的奇鸟，可以独自繁衍。人吃了它的肉就不会得痈疽病。

《西次三经》翼望山有鵸鵌，但与此处的鵸鵌同名不同类。

鵸（qí）鵌（yú）疽（jū）

鯈鱼

带山，……彭水出焉，而西流注于芘湖之水，其中多鯈鱼，其状如鸡而赤毛，三尾六足四首，其音如鹊，食之可以已忧。

注释

四首：郝懿行认为『首』当为『目』字之讹。

解说

鯈鱼的外形像鸡，长着红色的羽毛，有三条尾巴、六只脚、四只眼睛，叫声和喜鹊相近。人吃了它的肉就会无忧无虑。

何罗鱼

谯明之山，谯水出焉，西流注于河。其中多何罗之鱼，一首而十身，其音如吠犬，食之已痈。

解说

何罗鱼长着一个脑袋，却有十个身体，叫声像犬吠。人吃了它的肉可以治疗痈肿病。

孟槐

谯明之山，……有兽焉，其状如貆而赤豪，其音如榴榴，名曰孟槐，可以御凶。

注释

貆：豪猪。

解说

孟槐是一种像豪猪的野兽，长着赤红的软毛，叫声好似『榴榴』。人饲养它可以御凶辟邪。

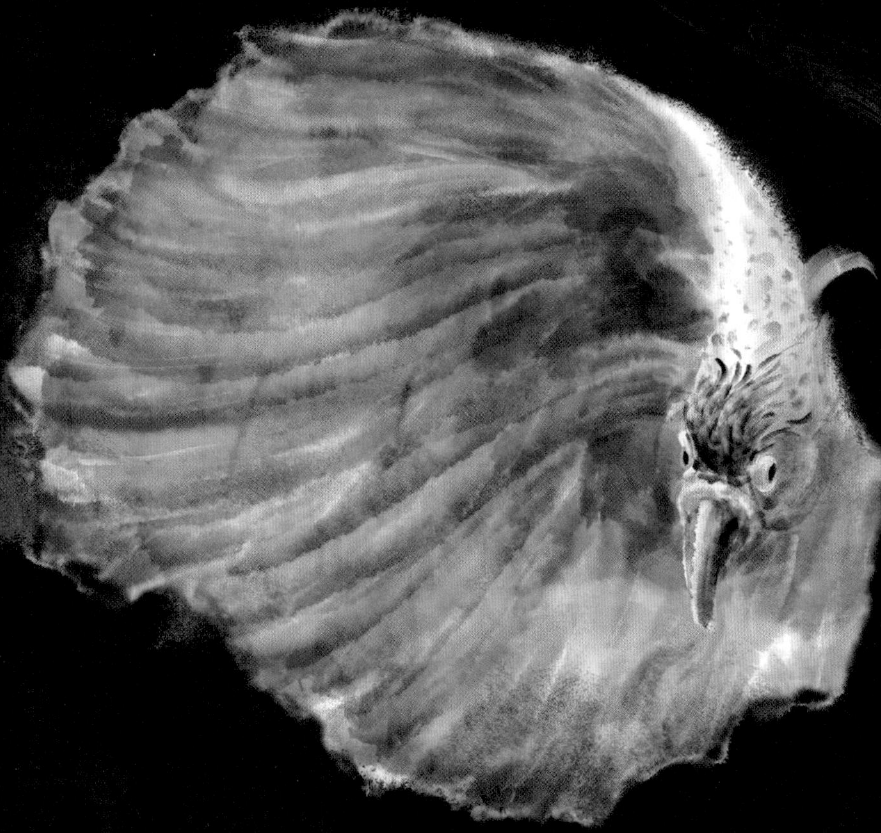

鳛鳛鱼

涿光之山，嚣水出焉，而西流注于河。其中多鳛鳛之鱼，其状如鹊而十翼，鳞皆在羽端，其音如鹊，可以御火，食之不瘅。

解说

鳛鳛鱼虽为鱼，但形貌和声音都与喜鹊相似。它长着十只翅膀，鳞甲都长在羽翅的尖端。人饲养它可以防御火灾，吃了它的肉可以治疗黄疸病。

橐驼

虢山，……伊水出焉，西流注于河。其兽多橐驼。

解说

橐驼即现实世界中的骆驼。

寓

虢山，……其鸟多寓，状如鼠而鸟翼，其音如羊，可以御兵。

解说

寓是一种蝙蝠之类的小飞禽，形状像老鼠，长着鸟一样的翅膀，叫声像羊。人把它养在身边可以抵御兵器的伤害。

耳鼠

丹熏之山，……有兽焉，其状如鼠，而菟首麋身，其音如獋犬，以其尾飞，名曰耳鼠，食之不脎，又可以御百毒。

注释

菟：通『兔』。

麋身：郝懿行认为『身』是『耳』字之讹。

脎：腹部鼓胀。

解说

耳鼠外形像老鼠，头部像兔子，耳朵如麋鹿，鸣叫似狗吠，用尾巴来飞翔。人吃了它的肉就可以不得腹部鼓胀的病，还可以百毒不侵。

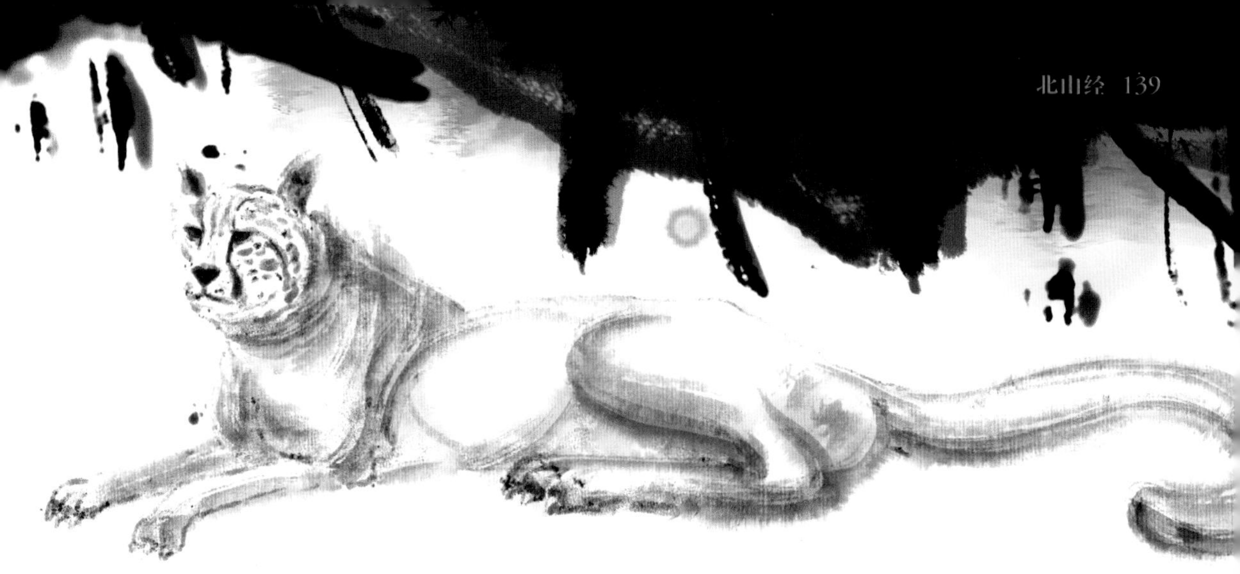

孟极

石者之山，……有兽焉，其状如豹，而文题白身，名曰孟极，是善伏，其鸣自呼。

注释

题：额头。

解说

孟极长得像豹子，额头长有花斑，周身雪白。它善于伏身隐藏，叫声像是在呼唤自己的名字。

幽鴳

边春之山，……有兽焉，其状如禺而文身，善笑，见人则卧，名曰幽鴳，其鸣自呼。

解说

幽鴳的形状像长尾猿猴，它身上有花纹，喜欢嘻笑，一看到人就装睡。它的叫声就像在呼唤自己的名字。

足訾

蔓联之山，其上无草木。有兽焉，其状如禺而有鬣，牛尾、文臂、马蹄，见人则呼，名曰足訾，其鸣自呼。

解说

足訾的外形像猿猴，但有鬣毛，长着牛一样的尾巴、带花纹的双臂和马一样的蹄子。它一见到人就呼叫，叫声就像在呼唤自己的名字。

鵁

蔓联之山，……有鸟焉，群居而朋飞，其毛如雌雉，名曰鵁，其鸣自呼，食之已风。

解说

鵁的羽毛像雌野鸡，它喜欢成群栖息，也喜欢结队飞行。它的叫声就像在呼唤自己的名字。人吃了它的肉能治疗风痹病。

诸犍

单张之山，其上无草木。有兽焉，其状如豹而长尾，人首而牛耳，一目，名曰诸犍。善咤，行则衔其尾，居则蟠其尾。

注释

咤：发怒的声音，这里指大声吼叫。

蟠：盘曲，盘结。

解说

诸犍是一种独目怪兽，外形似豹子，有一条长尾巴，长着人一样的头和牛一样的耳朵。它喜欢大声吼叫，行走时会用嘴巴叼着尾巴，睡觉时会把尾巴盘起来。

白鹓

单张之山，……有鸟焉，其状如雉而文首、白翼、黄足，名曰白鹓，食之已嗌痛，可以已瘈。

注释

嗌：咽喉。

瘈：痴病。

解说

白鹓长得像野鸡，头上有花纹，翅膀雪白，脚爪苍黄。人吃了它的肉能够治疗咽喉疼痛和痴病。

那父

灌题之山，……有兽焉，其状如牛而白尾，其音如訆，名曰那父。

注释

訆：同『叫』，大声呼叫。

解说

那父长得像牛，有一条白色的尾巴。它的叫声像人在大声呼叫。

竦斯

灌题之山，……有鸟焉，其状如雌雉而人面，见人则跃，名曰竦斯，其鸣自呼也。

解说

竦斯的外形像雌野鸡，长着一副人的面孔，一见到人就上下跳跃。它的叫声像在呼唤自己的名字。

长蛇

大咸之山，……有蛇名曰长蛇，其毛如彘豪，其音如鼓柝。

注释

柝：古代人巡夜敲击所用的木梆子。

解说

长蛇生长在寸草不生、人兽鲜至的大咸山。它长着野猪一样的鬃毛，叫声像敲击木梆子发出的声音。

柝（tuò）

赤鲑

敦薨之山，……敦薨之水出焉，而西流注于泑泽。出于昆仑之东北隅，实惟河原，其中多赤鲑。

解说

赤鲑即河豚，是一种有毒的鱼。

窫窳

少咸之山，无草木，多青碧。有兽焉，其状如牛，而赤身、人面、马足，名曰窫窳，其音如婴儿，是食人。

解说

窫窳是一种外形像牛的食人兽，身体呈赤色，长着人的面孔和马的蹄子，叫声像婴儿啼哭。

窫窳在《山海经》中多次出现：此处的窫窳是一种外形像牛的食人兽；《海内南经》《海内经》的窫窳长有龙首，是天神窫窳被杀之后所化；《海内西经》的窫窳蛇身人面，是天神窫窳的原本形象。

鱳鱼

狱法之山，瀤泽之水出焉，而东北流注于泰泽。其中多鱳鱼，其状如鲤而鸡足，食之已疣。

解说

鱳鱼的外形像鲤鱼，但长着鸡爪一样的爪子。人吃了它的肉能治疗皮肤上的赘疣。

山猈

狱法之山，……有兽焉，其状如犬而人面，善投，见人则笑，其名山猈，其行如风，见则天下大风。

解说

山猈长得像狗，却有一副人的面孔。它擅长投掷，一看到人就嘻笑，行走疾速如风。它一出现天下就会刮起大风。

诸怀

北岳之山，……有兽焉，其状如牛，而四角、人目、彘耳，其名曰诸怀，其音如鸣雁，是食人。

解说

诸怀是一种外形似牛的食人兽，长着四只角，有人一样的眼睛和猪一样的耳朵，叫声好像雁鸣声。

鮨鱼

北岳之山，……诸怀之水出焉，而西流注于嚣水，其中多鮨鱼，鱼身而犬首，其音如婴儿，食之已狂。

注释

狂：这里指人精神失常、疯癫。

解说

鮨鱼是一种怪鱼，它身体像鱼，脑袋像狗，叫声像婴儿啼哭声。人吃了它的肉能够治疗疯癫病。

肥遗

浑夕之山，……嚣水出焉，而西北流注于海。有蛇一首两身，名曰肥遗，见则其国大旱。

解说

肥遗是种一头两身的蛇。它出现的国家会发生旱灾。此外，《西山经》英山有肥遗，是一种鸟；《西山经》太华山有肥遗，是一种『六足四翼』的蛇。这两处肥遗与此处肥遗皆同名不同类。

狕

隄山，多马。有兽焉，其状如豹而文首，名曰狕。

解说

狕是一种外形像豹子的野兽，头上布满花纹。

解说

人面蛇身神是单狐山至隄山共二十五座山的山神，他们的特点是人面蛇身。

隄山，……隄水出焉，而东流注于泰泽，其中多龙龟。

解说

龙龟形貌不详。研究者认为龙龟或即吉吊，是一种蛇头龟身的动物。本书据此绘图。

龙龟

闾

县雍之山，……其兽多闾、麋。

解说

郭璞认为闾就是山驴。它外形似驴，蹄子分叉，长有羚羊一样的角。

人面蛇身神

自单狐之山至于隄山，凡二十五山，五千四百九十里，其神皆人面蛇身。

䑏马

敦头之山，……旄水出焉，而东流注于印泽。其中多䑏马，牛尾而白身，一角，其音如呼。

解说

䑏马浑身白色，长着一条牛尾巴和一只角。它的叫声就像人在大声呼喊。

狍（páo）

狍鸮

钩吾之山，……有兽焉，其状如羊身人面，其目在腋下，虎齿人爪，其音如婴儿，名曰狍鸮，是食人。

解说

狍鸮是钩吾山中的一种食人兽。它人面羊身，眼睛生在腋窝下，长着老虎般的牙齿、人手一样的爪子，叫声犹如婴儿的啼哭声。

郭璞认为狍鸮即《左传》中所说的饕餮。

独狢

北嚣之山，……有兽焉，其状如虎，而白身犬首，马尾彘鬣，名曰独狢。

解说

独狢是一种集虎、狗、马、猪特征于一身的怪兽。它身体呈白色，外形像虎，脑袋像狗，尾巴像马尾，毛发像猪鬃。

鵥鶜

北嚣之山，……有鸟焉，其状如乌，人面，名曰鵥鶜，宵飞而昼伏，食之已暍。

注释

暍：中暑。

解说

鵥鶜是一种状若乌鸦的人面鸟，常在白天隐伏，夜晚飞行。人吃了它的肉可以预防中暑。

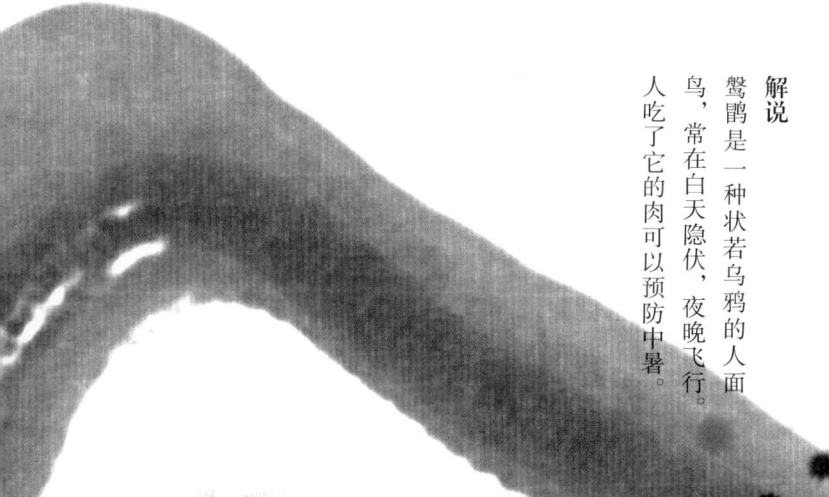

暨（jì） 彙（huì）

居暨

梁渠之山，……其兽多居暨，其状如彙而赤毛，其音如豚。

注释

彙：刺猬。后作『蝟』。

解说

居暨长得像刺猬，身上有红色的毛，叫声如同小猪。

嚣

梁渠之山，……有鸟焉，其状如夸父，四翼、一目、犬尾，名曰嚣，其音如鹊，食之已腹痛，可以止衕。

注释

夸父：一种像猿猴的野兽。

解说

嚣是一种独目奇鸟。它外形像夸父，长着四只翅膀，尾巴像狗尾，叫声像喜鹊。人吃了它的肉可以治疗腹痛和腹泻。

《西山经》蝓次山有兽名嚣，与此处的嚣同名不同类。

归山，……有兽焉，其状如麢羊而四角，马尾而有距，其名曰骍，善还，其名自訆。

注释

还：通『旋』。

解说

骍的样子像羚羊，头上有四个角，尾巴像马尾，蹄子像鸡爪。骍喜欢盘旋而舞，其叫声像在大呼自己的名字。

骍

鶌

归山，……有鸟焉，其状如鹊，白身、赤尾、六足，其名曰鶌，是善惊，其鸣自詨。

注释

詨：呼唤；大叫。

解说

鶌是一种看起来像喜鹊的鸟，白身赤尾，有六足；警惕性很高，易受到惊吓。它的叫声就像在呼叫自己的名字。

天马

马成之山，……有兽焉，其状如白犬而黑头，见人则飞，其名曰天马，其鸣自訆。

解说

天马是一种会飞的吉兽。它外形像狗，身白而头黑，背后有双翅，一见到人就会立刻飞走。其叫声像在大呼自己的名字。

鶌鶋

马成之山，……有鸟焉，其状如乌，首白而身青、足黄，是名曰鶌鶋，其鸣自詨，食之不饥，可以已寓。

注释

寓：郝懿行认为，『寓』当为『误』，是一种昏忘之病。

解说

鶌鶋的外形像乌鸦，身体呈青色，长着白色的头和黄色的爪子。它的叫声像在呼叫自己的名字。人吃了它的肉就不会再饥饿，还可以治疗健忘症。

鶌（qū） 鶋（jū）

飞鼠

天池之山，……有兽焉，其状如兔而鼠首，以其背飞，其名曰飞鼠。

解说

飞鼠的外形像兔子，但长着老鼠一样的头，它可借助自己背上的皮囊飞行。

此外，《北山经》的耳鼠也能飞。

阳山，……有兽焉，其状如牛而赤尾，其颈肾，其状如句瞿，其名曰领胡，其鸣自詨，食之已狂。

领胡

注释

肾：这里指领胡脖子上多余隆起的肉，似肉瘤。

句瞿：斗。

解说

领胡是一种像牛的野兽，长着红色的尾巴，脖子上长有斗状的肉瘤，叫声就像在呼叫自己的名字。人吃了它的肉可以治疗疯癫病。

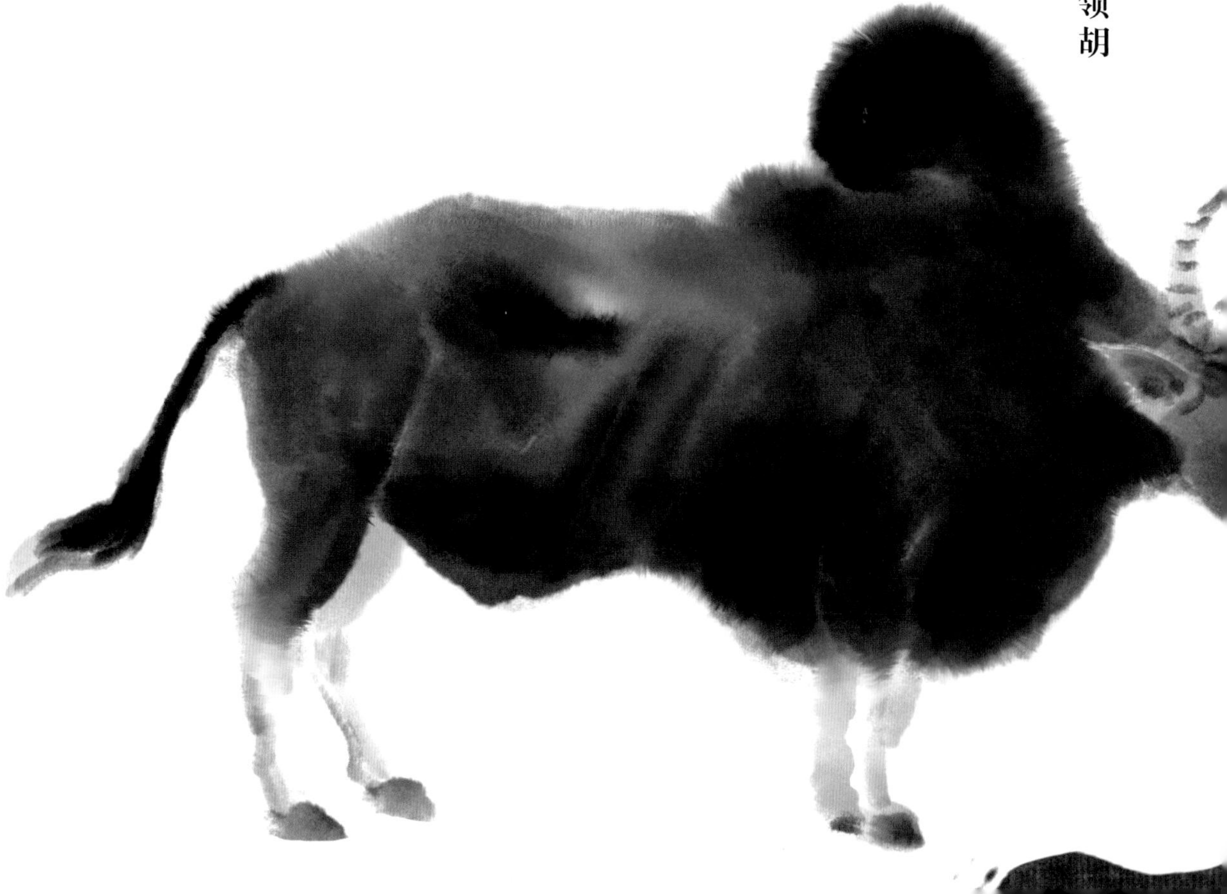

象蛇

阳山，……有鸟焉，其状如雌雉，而五采以文，是自为牝牡，名曰象蛇，其鸣自詨。

解说

象蛇是一种鸟，其外形像雌野鸡，羽毛上有五彩斑斓的花纹。象蛇雌雄同体，可以自己繁殖，它的叫声就像在呼叫自己的名字。

鮥父鱼

阳山，……留水出焉，而南流注于河。其中有鮥父之鱼，其状如鲋鱼，鱼首而彘身，食之已呕。

解说

鲋：鲫鱼。

解说

鮥父鱼的外形像鲫鱼，长着鱼一样的头和猪一样的身体。人吃了它的肉可以治疗呕吐。

酸与

景山，……有鸟焉，其状如蛇，而四翼六目三足，名曰酸与，其鸣自诶，见则其邑有恐。

解说

酸与融合了鸟与蛇的特征，长有四翼、六目、三足。它的叫声就像在呼叫自己的名字，它出现的地方会发生恐怖之事。

鸪（gū）鸐（xí）灂（jiào）

鸪鸐

小侯之山，……有鸟焉，其状如乌而白文，名曰鸪鸐，食之不灂。

注释

灂：眼睛昏蒙。

解说

鸪鸐的样子像乌鸦，身上有白色的斑纹。人吃了它的肉就能使眼睛不昏花。

黄鸟

轩辕之山，……有鸟焉，其状如枭而白首，其名曰黄鸟，其鸣自詨，食之不妒。

解说

黄鸟是一种外形像猫头鹰的鸟，长着白色的头，叫声就像在呼叫自己的名字。人吃了它的肉就不会生嫉妒之心。《山海经》中多次出现黄鸟。《大荒南经》巫山之黄鸟，是为天帝镇守神药的神鸟。《海外西经》《大荒西经》中的黄鸟是祸鸟，乃亡国的征兆。

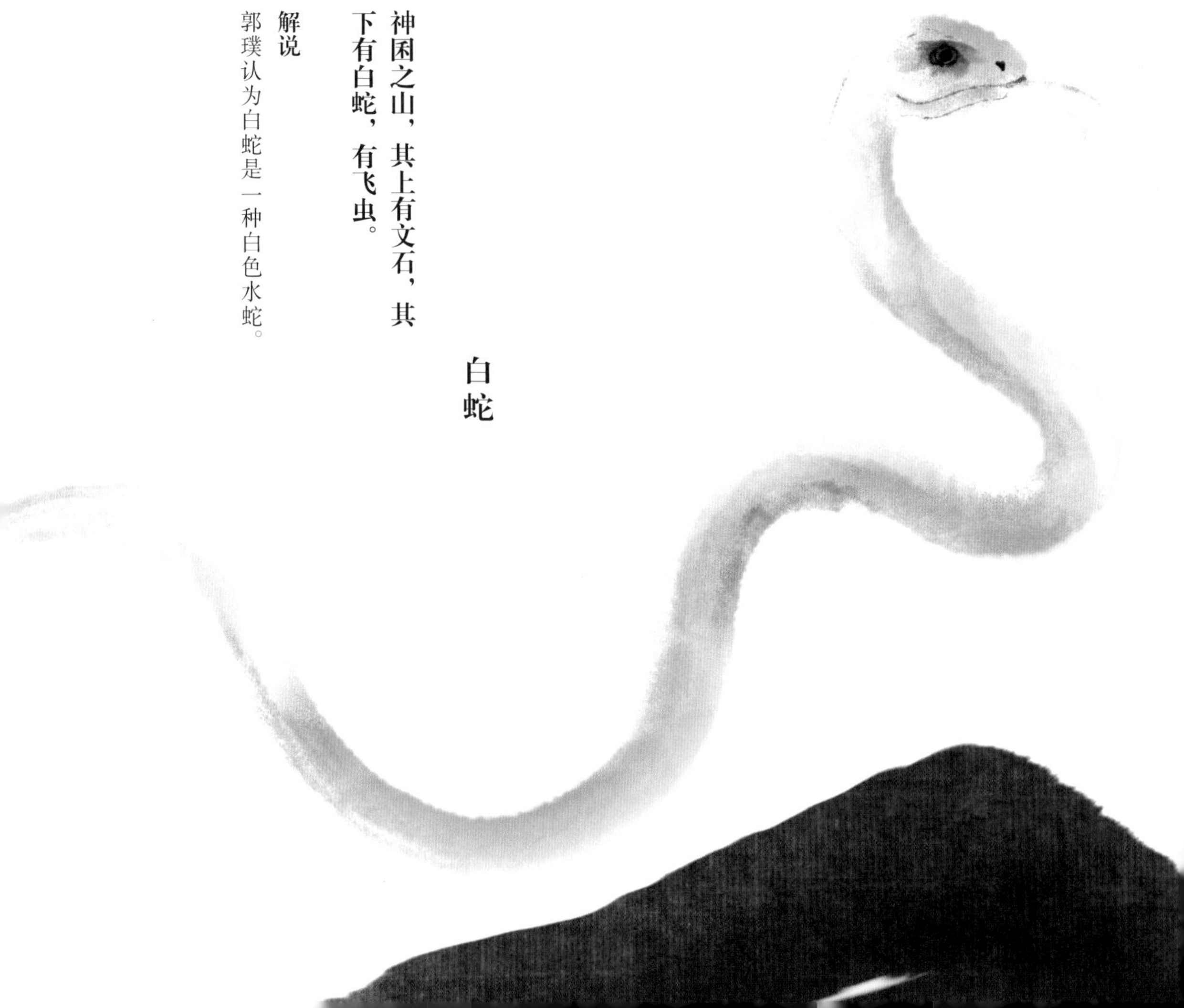

白蛇

神囷之山，其上有文石，其下有白蛇，有飞虫。

解说

郭璞认为白蛇是一种白色水蛇。

囷（qūn） 柘（zhè） 堙（yīn）

精卫

发鸠之山，其上多柘木。有鸟焉，其状如乌，文首、白喙、赤足，名曰精卫，其鸣自詨。是炎帝之少女，名曰女娃。女娃游于东海，溺而不返，故为精卫，常衔西山之木石，以堙于东海。

注释

柘木：柘树，桑树的一种。

堙：填，堵塞。

解说

精卫外形像乌鸦，头上布满花纹，长着白嘴和红爪，叫声就像在呼叫自己的名字。传说精卫是炎帝的小女儿女娃所化。女娃到东海游玩时不慎溺水，死后变成了精卫。精卫常常衔着西山的树枝和石子，想把东海填平。

鳠

绣山，……洧水出焉，而东流注于河，其中有鳠、黾。

解说

鳠长得像鲇鱼，头是扁平的，全身呈灰褐色，背鳍、胸鳍相对而生。

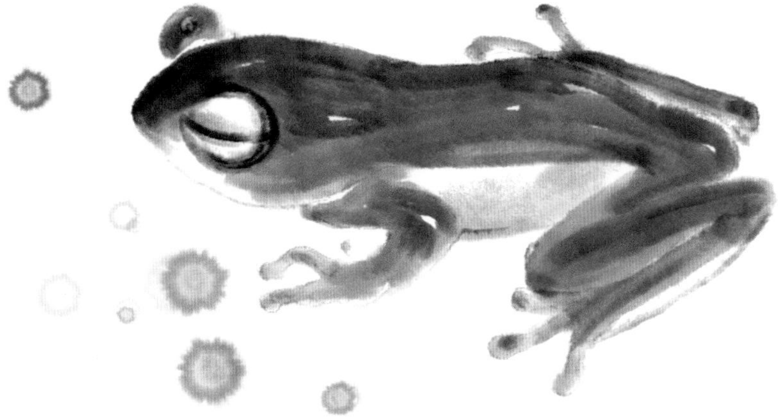

黾

绣山，……洧水出焉，而东流注于河，其中有鳠、黾。

解说

黾的外形像蛤蟆，但个头稍小一些，皮肤是青色的。

䍶䍶

泰戏之山，……有兽焉，其状如羊，一角一目，目在耳后，其名曰䍶䍶，其鸣自訆。

解说

䍶䍶是一种独角独目的奇兽，外形像羊，眼睛长在耳朵后面，叫声就像在大呼自己的名字。

鹠

饶山，……其鸟多鹠。

解说

郭璞认为鹠或许是鸺鹠。鸺鹠也叫横纹小鸮，其头颈和翅膀上的羽毛呈暗褐色，长满了白色的斑纹。

獂

乾山，……有兽焉，其状如牛而三足，其名曰獂，其鸣自詨。

解说

郝懿行认为『獂当为獂』。獂长得像牛，只有三只脚，叫声就像在呼叫自己的名字。

罴九

伦山，伦水出焉，而东流注于河。有兽焉，其状如麋，其川在尾上，其名曰罴。

注释

川：古代研究者认为『川』当为『州』，意思是窍。上窍谓耳目鼻口，下窍谓前阴后阴，这里的『川』指肛门。

罴：郝懿行指出，藏经本作『罴九』，郭璞《图赞》亦作『罴九』。

解说

罴九是一种外形像麋鹿的野兽，它的肛门长在尾巴上。

大蛇

錞于母逢之山，……是有大蛇，赤首白身，其音如牛，见则其邑大旱。

解说

大蛇的身体是白色的，脑袋是红色的，叫声像牛。它出现的地方会发生旱灾。

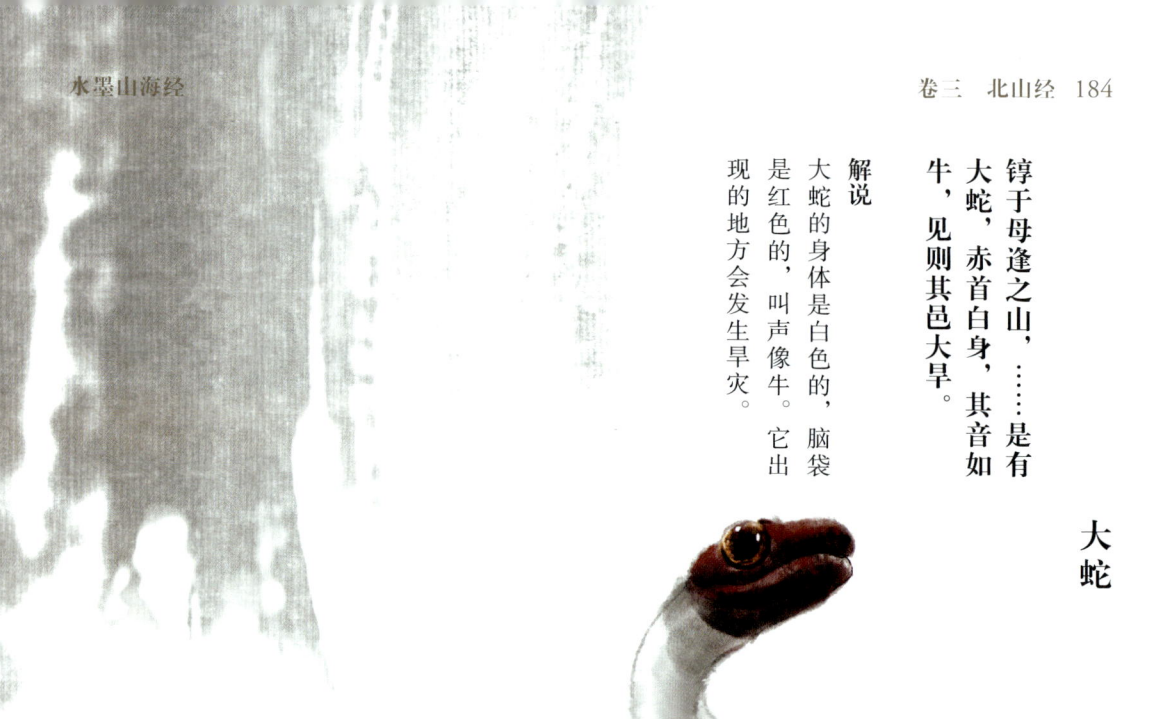

马身人面神

自太行之山以至于无逢之山，凡四十六山，……其神状皆马身而人面者廿神。

解说

从太行山到无逢山共有四十六座山，其中二十座山的山神是马身人面神，他们的特点是马身人面。

彘身载玉神

自太行之山以至于无逢之山，凡四十六山，……其十四神状皆彘身而载玉。

注释

载：通『戴』。

解说

从太行山到无逢山共四十六座山，其中十四座山的山神是彘身载玉神，他们的外形像猪，身上佩戴着玉制饰品。

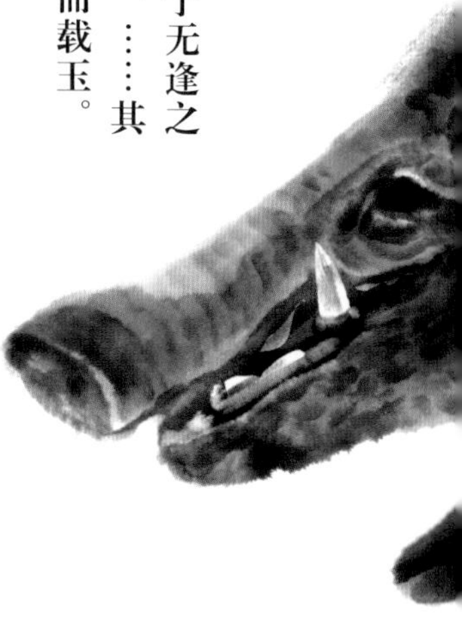

彘身八足蛇尾神

自太行之山以至于无逢之山，凡四十六山，……其十神状皆彘身而八足蛇尾。

解说

从太行山到无逢山共有四十六座山，其中十座山的山神是彘身八足蛇尾神，他们的特点是猪身蛇尾、长着八只脚。

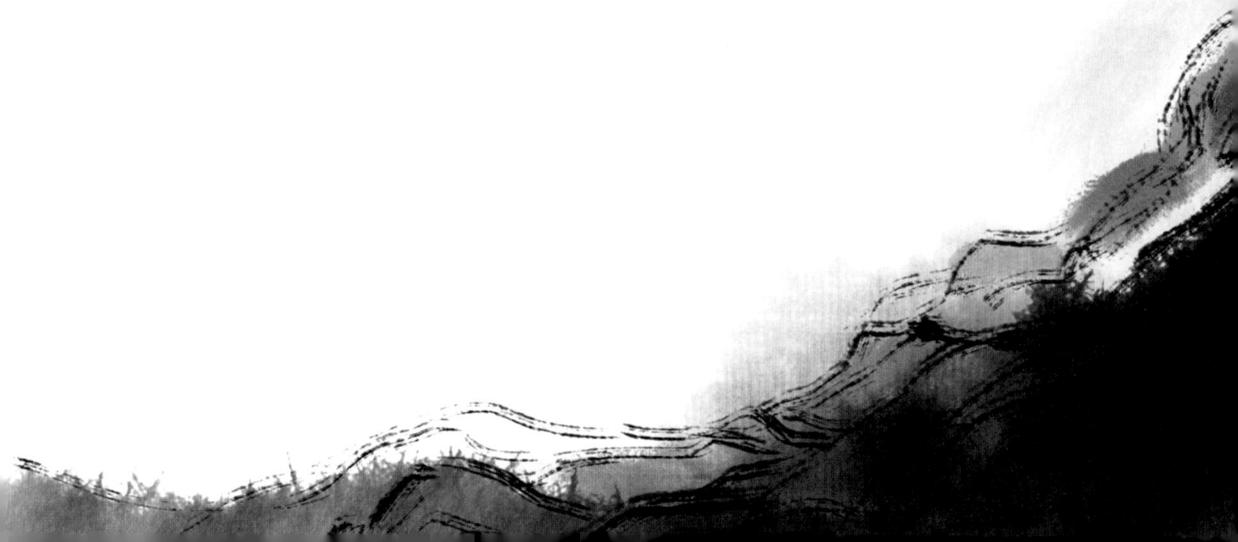

卷四

东山经

鳙鳙鱼

欁蠡之山，北临乾昧。食水出焉，而东北流注于海。其中多鳙鳙之鱼，其状如犁牛，其音如彘鸣。

注释

犁牛：一种毛色像虎纹的牛。

解说

鳙鳙鱼是一种样子像犁牛的怪鱼，故又称牛鱼。它的叫声如猪在嘶鸣。

活师

藟山，……湖水出焉，东流注于食水，其中多活师。

解说

活师即蝌蚪，又名活东。它长着圆而大的脑袋和细小的尾巴，是青蛙、蟾蜍等两栖动物的幼体。

从从

栒状之山，……有兽焉，其状如犬，六足，其名曰从从，其鸣自詨。

解说

从从的外形像狗，长着六只脚，它的叫声就像在呼叫自己的名字。

蚩鼠

栒状之山，……有鸟焉，其状如鸡而鼠毛，其名曰蚩鼠，见则其邑大旱。

解说

蚩鼠是一种怪鸟，外形像鸡，身上却长着鼠毛。它出现的地方会发生旱灾。现实世界中，几维鸟的形貌与蚩鼠很接近。

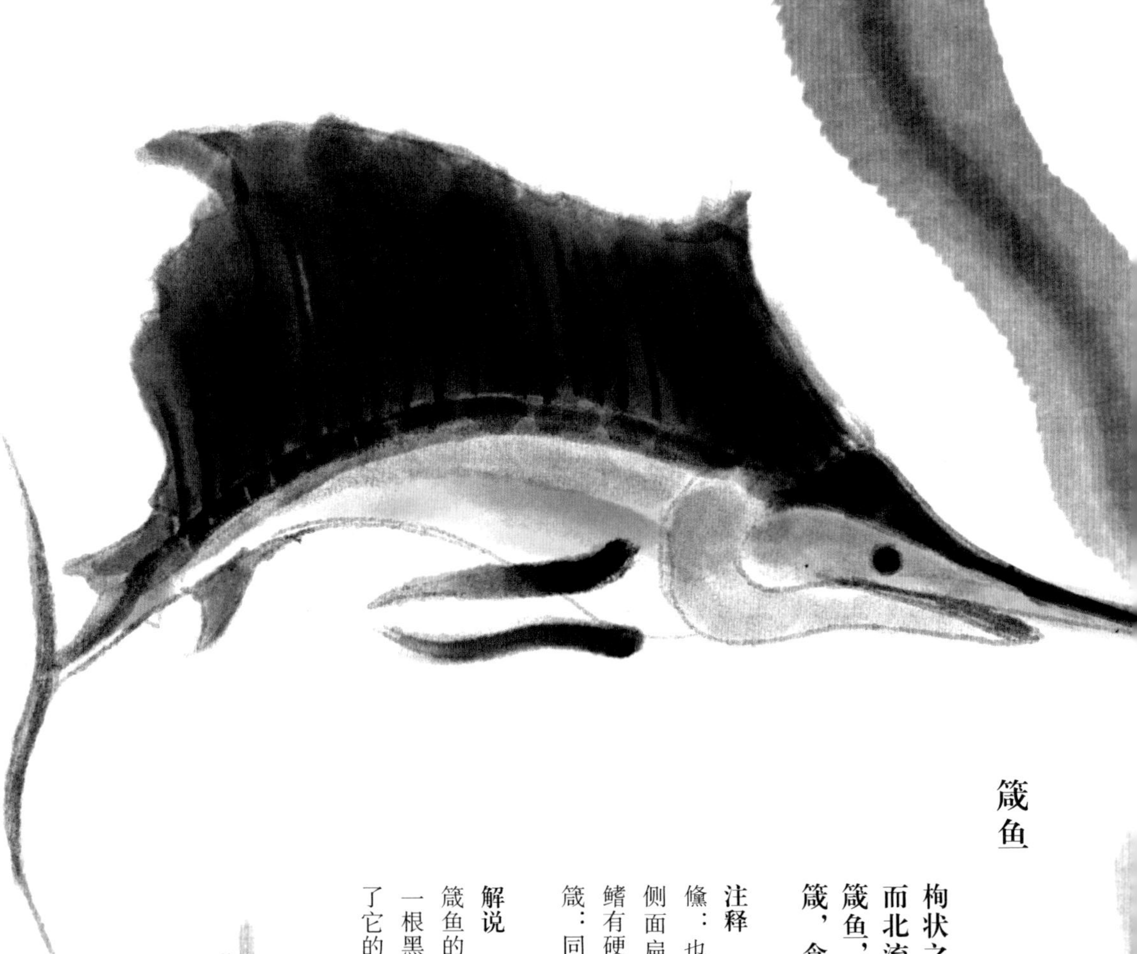

箴鱼

栒状之山，……沢水出焉，而北流注于湖水。其中多箴鱼，其状如儵，其喙如箴，食之无疫疾。

注释

儵：也叫白鲦，只有几寸长，侧面扁平，腹面有肉棱，背鳍有硬刺，银白色。

箴：同『针』。

解说

箴鱼的形状像儵鱼，嘴巴尖有一根黑骨，细得像根针。人吃了它的肉就不会染上瘟疫。

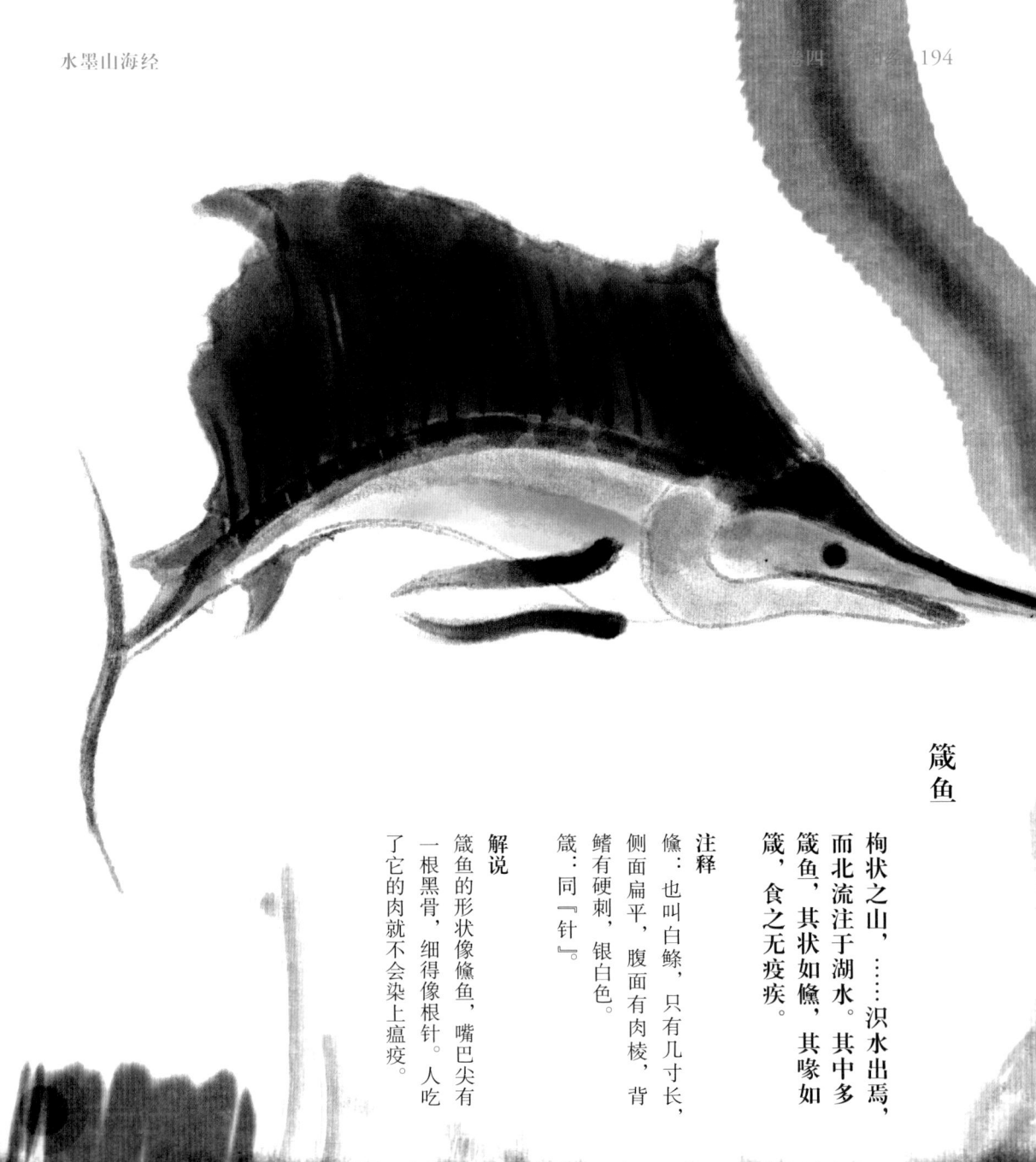

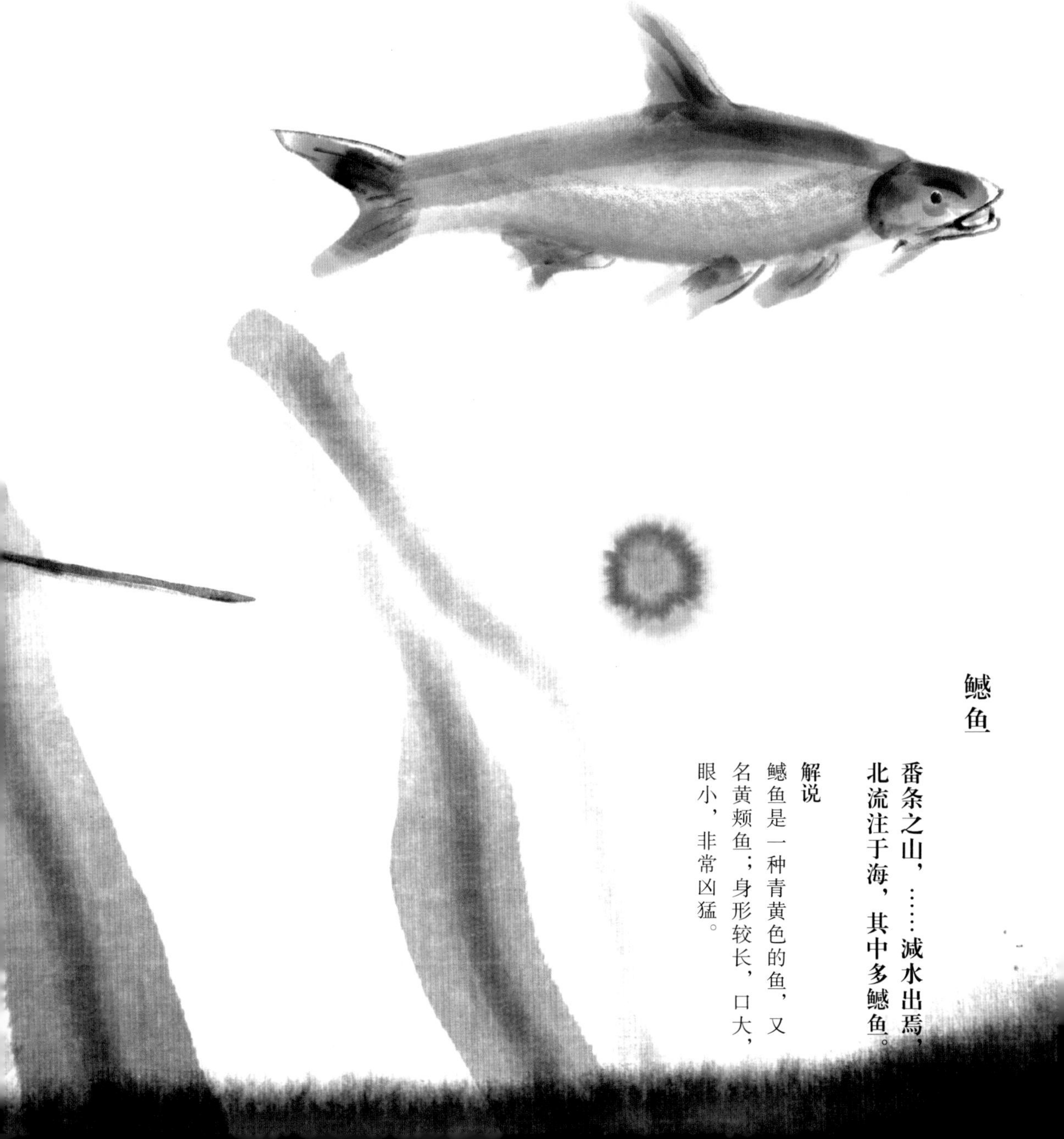

鳡鱼

番条之山，……減水出焉，北流注于海，其中多鳡鱼。

解说

鳡鱼是一种青黄色的鱼，又名黄颊鱼；身形较长，口大，眼小，非常凶猛。

如夸父

犲山，……有兽焉，其状如夸父而彘毛，其音如呼，见则天下大水。

解说

『如夸父』并非兽名，而是指这种野兽外形像夸父，因不详其名，故用『如夸父』代称。这里的『夸父』不是『夸父逐日』中的夸父，而是一种像猿猴的野兽。

如夸父浑身长满猪毛，叫声就像人在呼喊。它一出现天下就会发生水灾。

鯈鳙

独山，……末涂之水出焉，而东南流注于沔，其中多鯈鳙，其状如黄蛇，鱼翼，出入有光，见则其邑大旱。

解说

鯈鳙的形状像黄蛇，却长着鱼鳍。它出入水中时会闪闪发光，它出现的地方会发生旱灾。

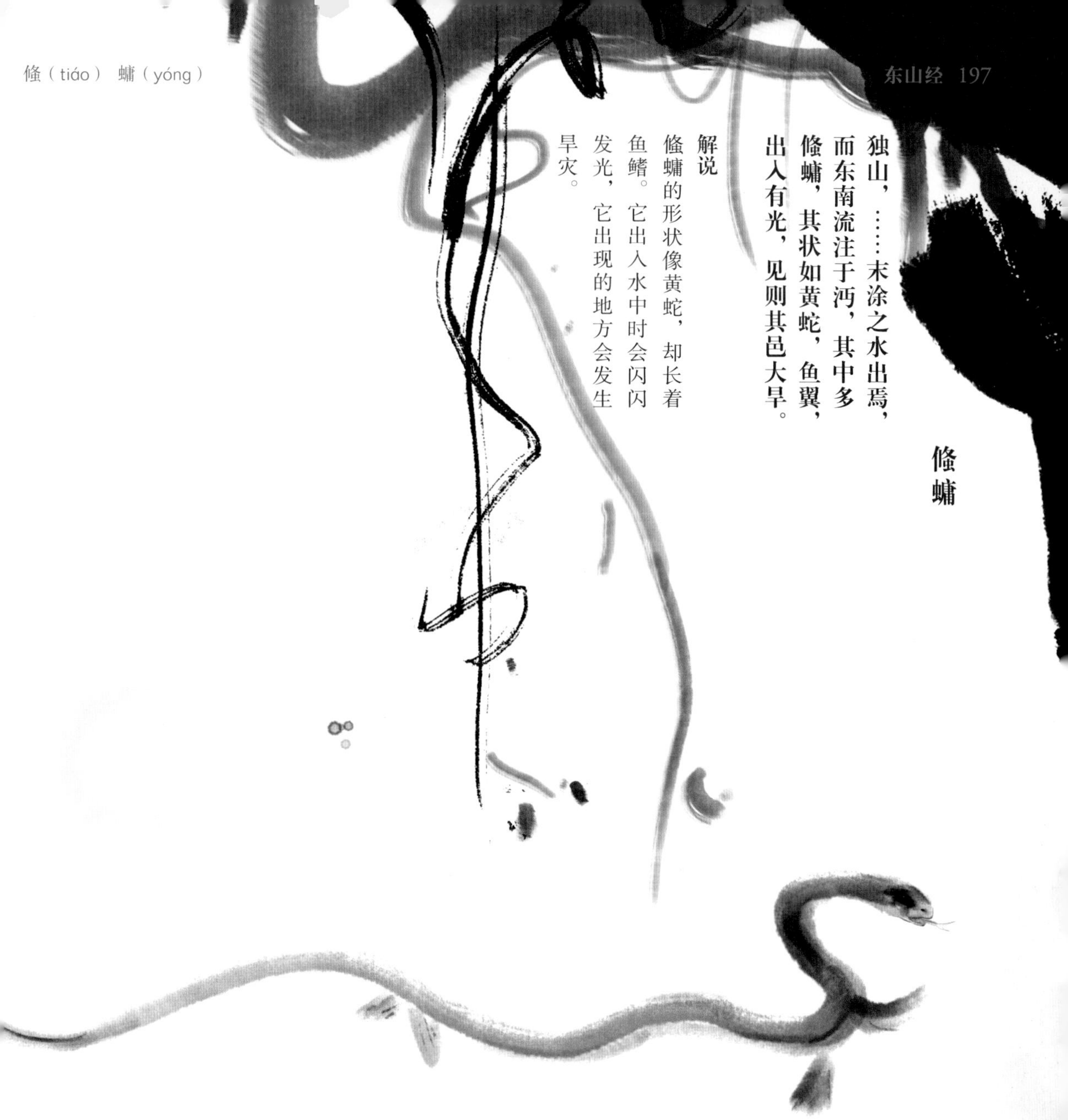

狪狪

泰山，……有兽焉，其状如豚而有珠，名曰狪狪，其鸣自訆。

解说

狪狪长得像小猪，但能像蚌、贝一样在体内孕育珠子。它的叫声就像在大呼它自己的名字。

人身龙首神

自樕螽之山以至于竹山，凡十二山，三千六百里。其神状皆人身龙首。

解说

人身龙首神是从樕螽山至竹山共十二座山的山神，他们的特点是人身龙首。

軨軨

空桑之山，……有兽焉，其状如牛而虎文，其音如钦，其名曰軨軨，其鸣自叫，见则天下大水。

解说

軨軨长得像牛，身上有老虎一样的斑纹，叫声如人在呻吟。它一出现天下就会发生水灾。

现实世界中，非洲林羚的外形和軨軨极为接近。

珠蟞鱼

葛山之首，无草木。澧水出焉，东流注于余泽，其中多珠蟞鱼，其状如胏而有目，六足，有珠，其味酸甘，食之无疠。

注释

胏：同『肺』。

有目：郝懿行认为『有目』当为『四目』之讹。

解说

珠蟞鱼的外形像肺叶，长着四只眼睛和六只脚，能从嘴里吐出珠子。它的肉酸中带甜，人吃了就不会染上瘟疫。

犰狳

余峨之山，……有兽焉，其状如菟而鸟喙，鸱目蛇尾，见人则眠，名曰犰狳，其鸣自讠叫，见则螽蝗为败。

注释

眠：文中指装死。

螽：即螽斯，是蝗虫之类的害虫。

为败：文中指损害庄稼。

解说

犰狳是一种像兔子的野兽，长着鸟嘴、鹰眼、蛇尾，一看见人就躺下装死。犰狳的叫声像是在大呼自己的名字，它一出现就会发生蝗灾。现实世界中，中南美洲有种叫犰狳的动物，其形状与《山海经》中的犰狳相近。其命名者或许参考了《山海经》中的『犰狳』之名。

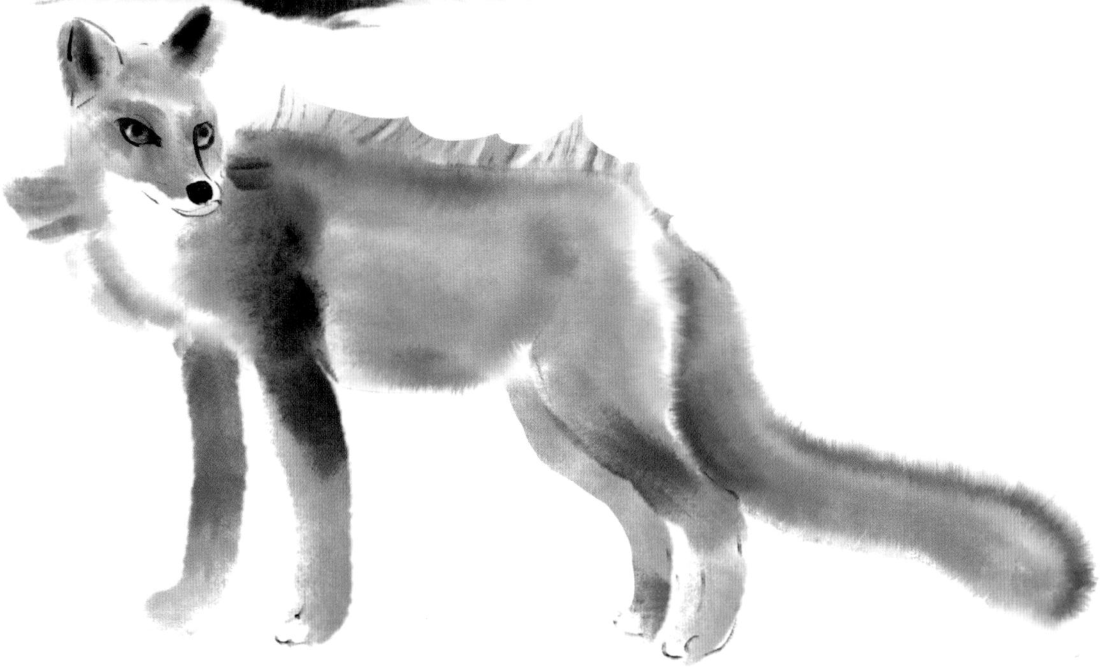

朱獳

耿山，……有兽焉，其状如狐而鱼翼，其名曰朱獳，其鸣自训，见则其国有恐。

解说

朱獳是一种怪兽，它外形像狐狸，却长着鱼翼。它的叫声像在叫自己名字，它出现的国家会发生恐怖之事。

鵹鹕

卢其之山，……沙水出焉，南流注于涔水，其中多鵹鹕，其状如鸳鸯而人足，其鸣自训，见则其国多土功。

解说

鵹鹕即鹈鹕，是一种大型水鸟，体长可接近两米，羽毛多为白色，翅膀非常宽阔；下颌底有一个能伸缩的皮囊，可以用来装鱼。因为它的四趾之间有金蹼相连，所以古人认为它的脚像人脚。它的叫声就像在大呼自己的名字，它出现的国家会大兴土木。

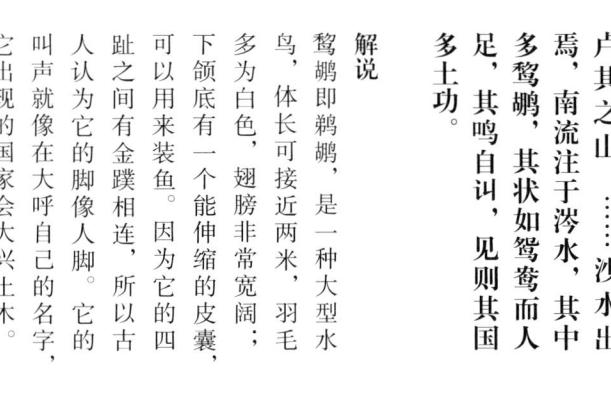

獙獙

姑逢之山，……有兽焉，其状如狐而有翼，其音如鸿雁，其名曰獙獙，见则天下大旱。

解说

獙獙是一种外形像狐狸的怪兽，它背生双翼，叫声如同鸿雁。它一出现天下就会发生大旱。

蠪蛭

凫丽之山，……有兽焉，其状如狐，而九尾、九首、虎爪，名曰蠪蛭，其音如婴儿，是食人。

注释

郝懿行认为『蛭』当为『蛭』字。

解说

蠪蛭是一种食人兽，外形像狐狸，长着九个脑袋、九条尾巴，爪子像老虎，叫声如婴儿啼哭。

峳峳

䃌山，……有兽焉，其状如马，而羊目、四角、牛尾，其音如獆狗，其名曰峳峳，见则其国多狡客。

解说

峳峳是一种集四种动物特征于一身的怪兽，它外形像马，长着羊的眼睛、牛的尾巴，头顶有四只角，叫声如同狗吠。它出现的国家会有很多狡猾之徒出来为非作歹。

絜钩

硜山，……有鸟焉，其状如凫而鼠尾，善登木，其名曰絜钩，见则其国多疫。

解说

絜钩的外形像野鸭，长着老鼠的尾巴，特别擅长攀爬树木。它出现的地方会频发瘟疫。

兽身人面神

自空桑之山至于䃌山，凡十七山，六千六百四十里。其神状皆兽身人面载觡。

注释

觡：麋鹿角。

解说

兽身人面神是从空桑山到䃌山共十七座山的山神，他们的特点是兽身人面、头上戴着麋鹿角。

妴胡

尸胡之山，……有兽焉，其状如麋而鱼目，名曰妴胡，其鸣自讠。

解说

妴胡的外形像麋鹿，但长着一对鱼眼睛。它的叫声就像在大呼自己的名字。

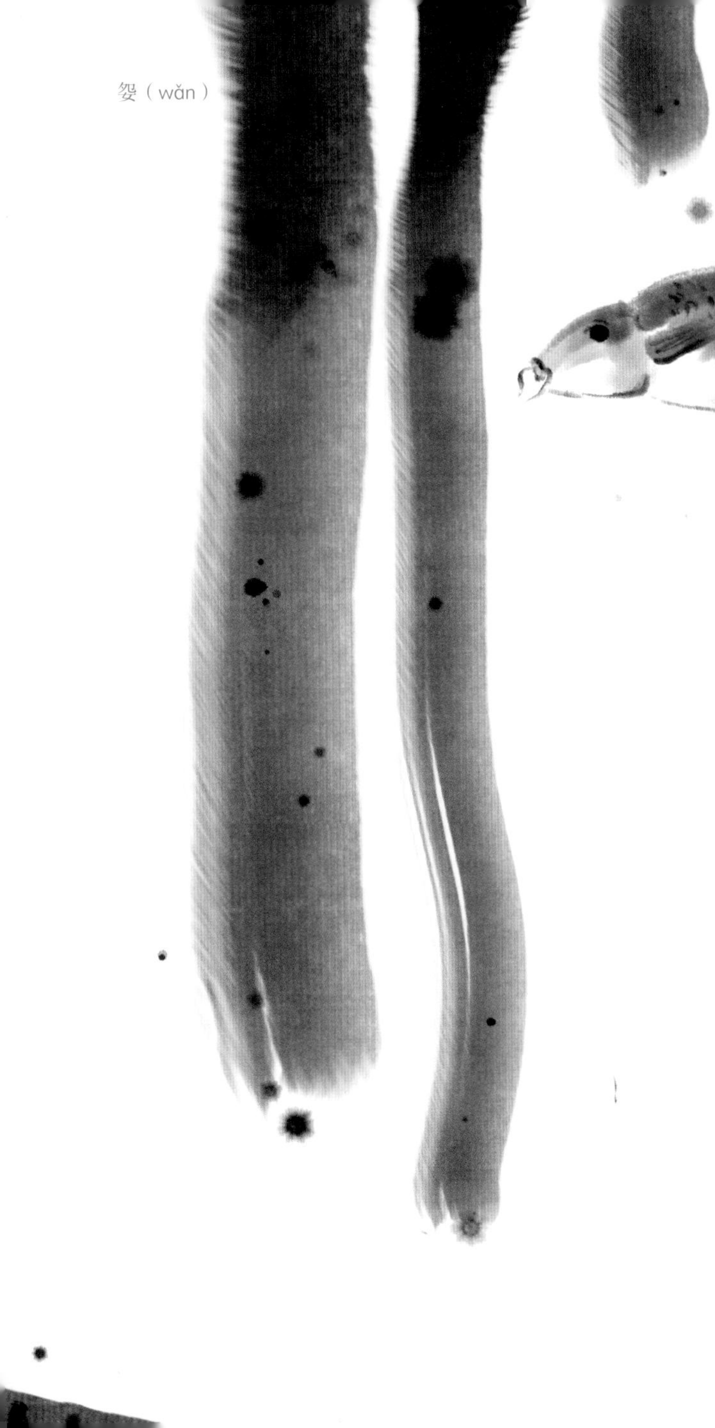

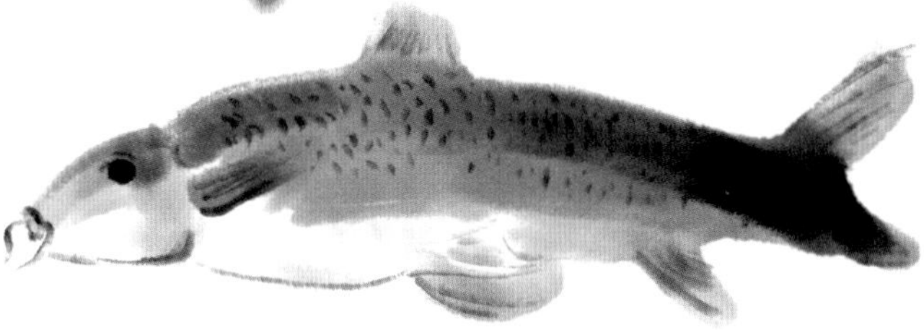

寐鱼

诸钩之山，……多寐鱼。

解说

寐鱼即鮇鱼，又叫嘉鱼。

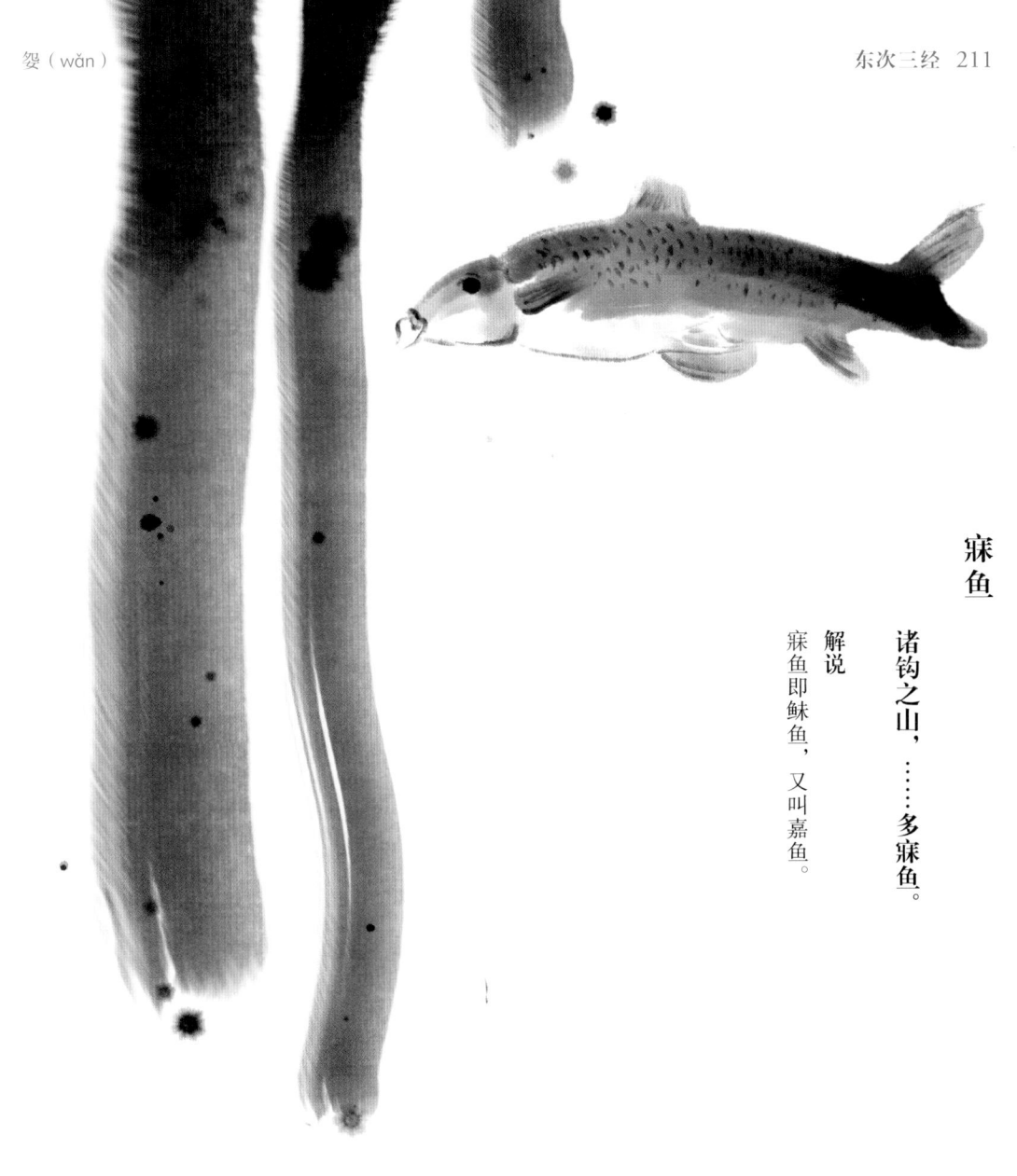

鳣

孟子之山，……其上有水出焉，名曰碧阳，其中多鳣、鲔。

解说

鳣即鲟鳇鱼。据《本草纲目》载，鳣鱼生活在江淮、黄河等水域的深水处，是一种无鳞大鱼。其状似鲟鱼，颜色灰白，背部有骨甲三行；其鼻长有须，口近颔下，尾巴有分叉。

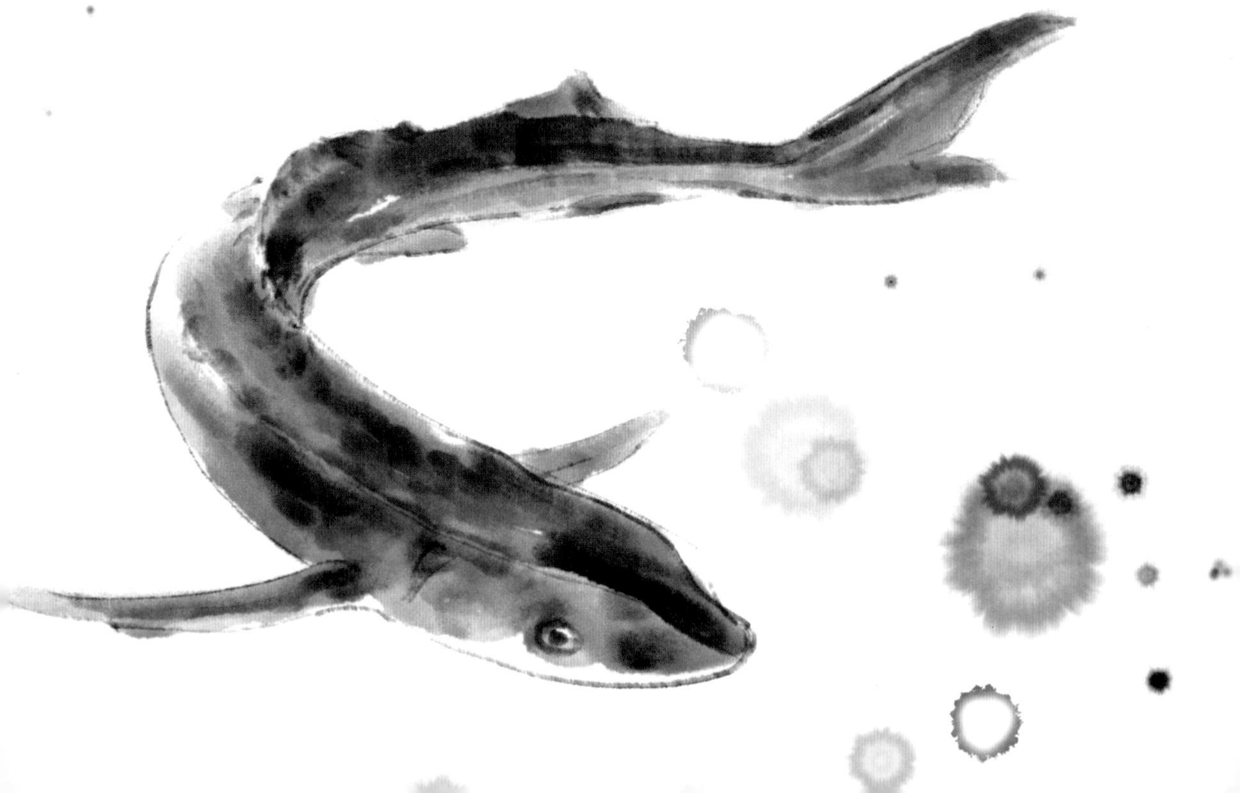

鲔

孟子之山，……其上有水出焉，名曰碧阳，其中多鳣、鲔。

解说

郭璞认为鲔鱼就是鲟鱼，它长得像鳣鱼，身上没有鳞甲，有一个长鼻子。

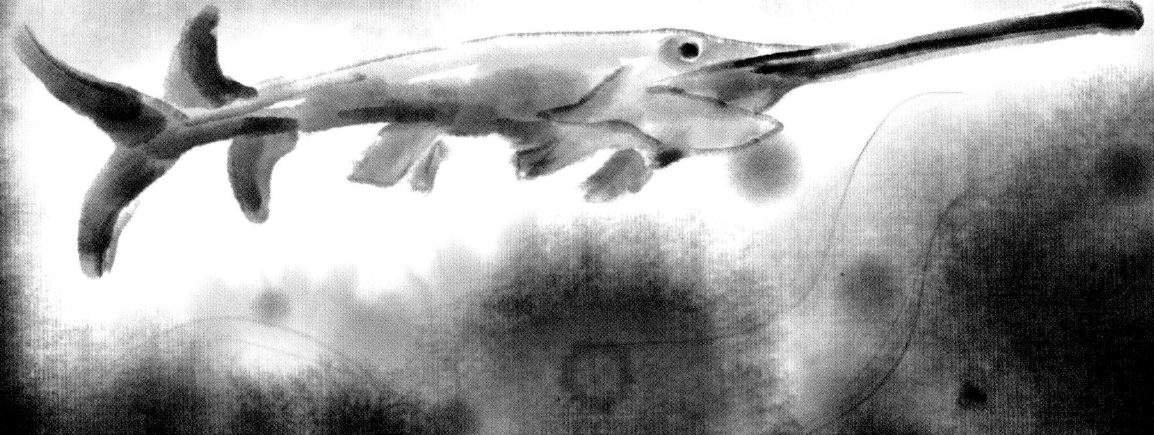

蠵龟

跂踵之山，……有水焉，广员四十里皆涌，其名曰深泽，其中多蠵龟。

解说

蠵龟也叫赤蠵龟，其形状像玳瑁，甲壳有纹彩。

鲐鲐鱼

跂踵之山，……有鱼焉，其状如鲤，而六足鸟尾，名曰鲐鲐之鱼，其鸣自叫。

解说

鲐鲐鱼的外形像鲤鱼，长着六只脚和一条鸟尾巴。它的叫声就像在叫自己的名字。

精精

踇隅之山，……有兽焉，其状如牛而马尾，名曰精精，其鸣自叫。

解说

精精的外形像牛，但长着马尾巴，其叫声就像在叫自己的名字。

人身羊角神

自尸胡之山至于无皋之山，凡九山，六千九百里。其神状皆人身而羊角。

解说

人身羊角神是从尸胡山到无皋山共九座山的山神，他们都有人的身体，头上长着羊角。

皋（gāo）

獦狚

北号之山，……有兽焉，其状如狼，赤首鼠目，其音如豚，名曰猲狙，是食人。

注释

猲狙：研究者认为『猲狙』当为『獦狚』。

解说

獦狚是一种食人兽，形状像狼，长着红脑袋，有老鼠一样的眼睛，叫声如同小猪。

鬿雀

北号之山，……有鸟焉，其状如鸡而白首，鼠足而虎爪，其名曰鬿雀，亦食人。

解说

鬿雀是一种食人鸟，外形像鸡，长着白脑袋，有老鼠一样的脚和老虎般的爪子。

鳝鱼

旄山，无草木。苍体之水出焉，而西流注于展水，其中多鳝鱼，其状如鲤而大首，食者不疣。

解说

鳝鱼即鳅鱼，俗称泥鳅，样子像鲤鱼，脑袋很大。

贝

东始之山，……泚水出焉，而东北流注于海，其中多美贝……

解说

贝是有壳的软体动物的统称。其形态美丽、质地坚硬，在新石器时代就已被原始人用作堆塑图画的材料，继而又被用作交易的货币。

茈鱼

东始之山，……泚水出焉，而东北流注于海，其中多美贝，多茈鱼，其状如鲋，一首而十身，其臭如蘪芜，食之不𥻗。

注释

鲋：鲫鱼。

蘪芜：同『蘼芜』。

𥻗：同『屁』。

解说

茈鱼的形状像鲫鱼，长着一个脑袋却有十个身子。它的气味像蘼芜草的香味，人吃了它的肉就不会放屁。

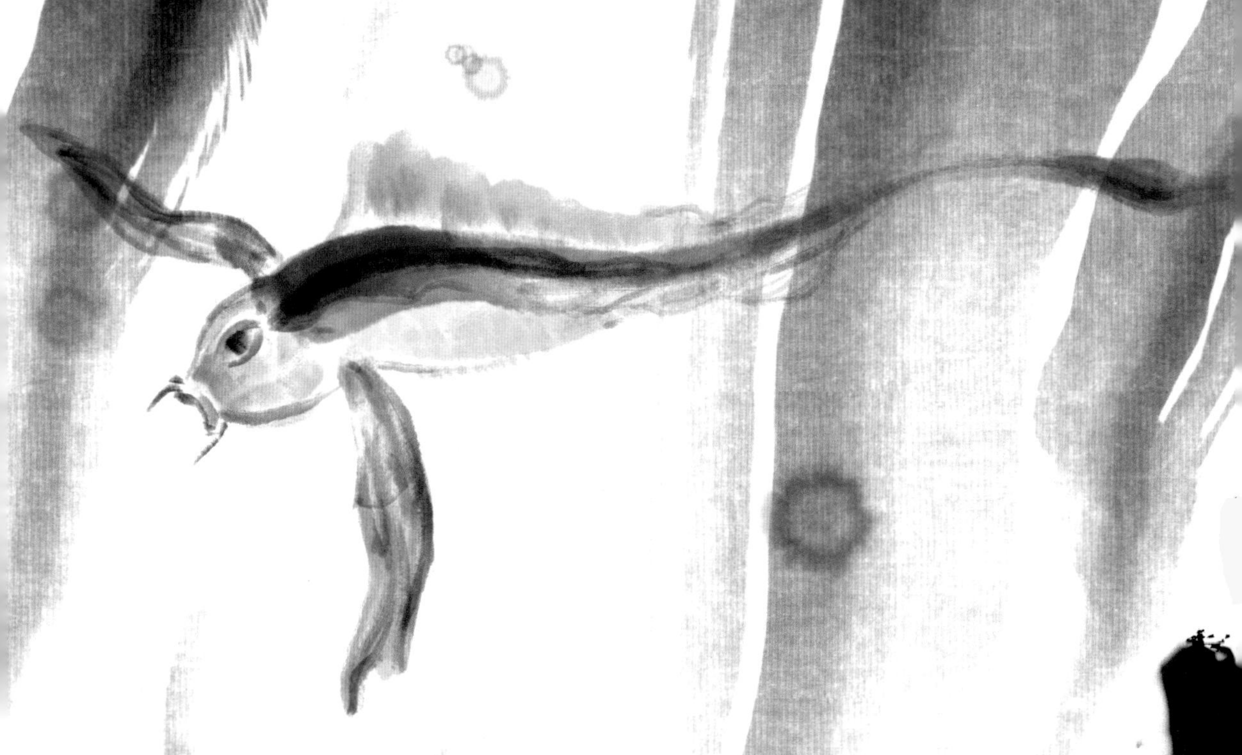

薄鱼

女烝之山，其上无草木。石膏水出焉，而西注于鬲水，其中多薄鱼，其状如鳣鱼而一目，其音如欧，见则天下大旱。

注释

鳣：鳝鱼。

欧：通『呕』，即呕吐。

解说

薄鱼是一种独目怪鱼，样子如同鳝鱼，叫声就像人的呕吐声。它一出现天下就会发生旱灾。

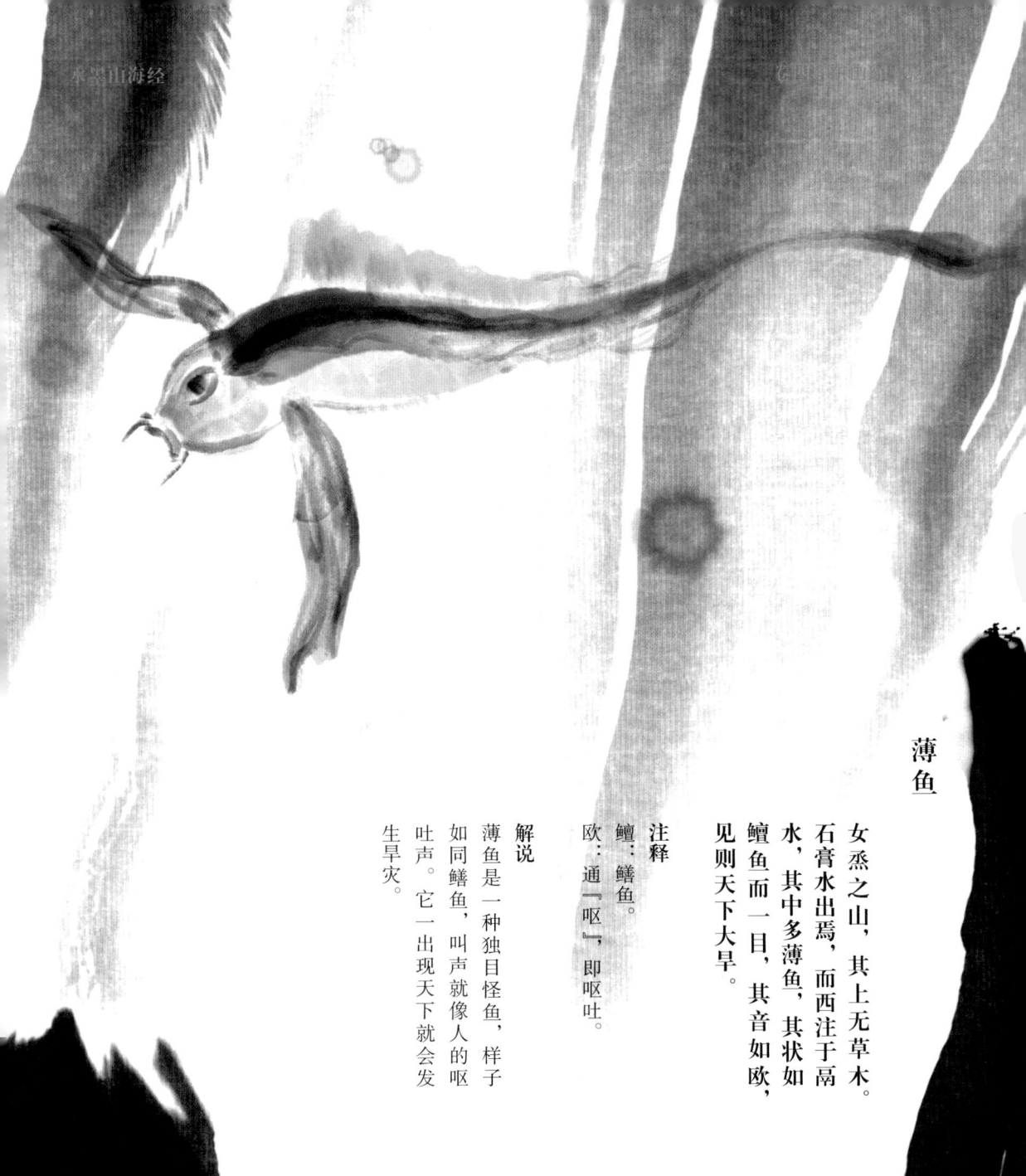

当康

钦山，……有兽焉，其状如豚而有牙，其名曰当康，其鸣自叫，见则天下大穰。

注释

牙：这里指尖利的獠牙。

解说

当康是一种瑞兽，外形像小猪，长着大獠牙，发出的叫声像在叫自己的名字。它一出现天下庄稼就会大丰收。

鲋鱼

子桐之山。子桐之水出焉，而西流注于余如之泽。其中多鲋鱼，其状如鱼而鸟翼，出入有光，其音如鸳鸯，见则天下大旱。

解说

鲋鱼的形状像鱼，长着一对鸟翅膀，它出入水中时会闪闪发光。它的叫声如同鸳鸯，它一出现天下就会发生大旱。《西次三经》桃水中也有鲋鱼，『其状如蛇而四足』，与此处完全不同。

剡山，多金、玉。有兽焉，其状如彘而人面，黄身而赤尾，其名曰合窳，其音如婴儿。是兽也，食人，亦食虫蛇，见则天下大水。

解说

合窳是一种食人兽，它人面猪身，黄身赤尾，发出的声音如同婴儿啼哭。它一出现天下就会发生水灾。

合窳

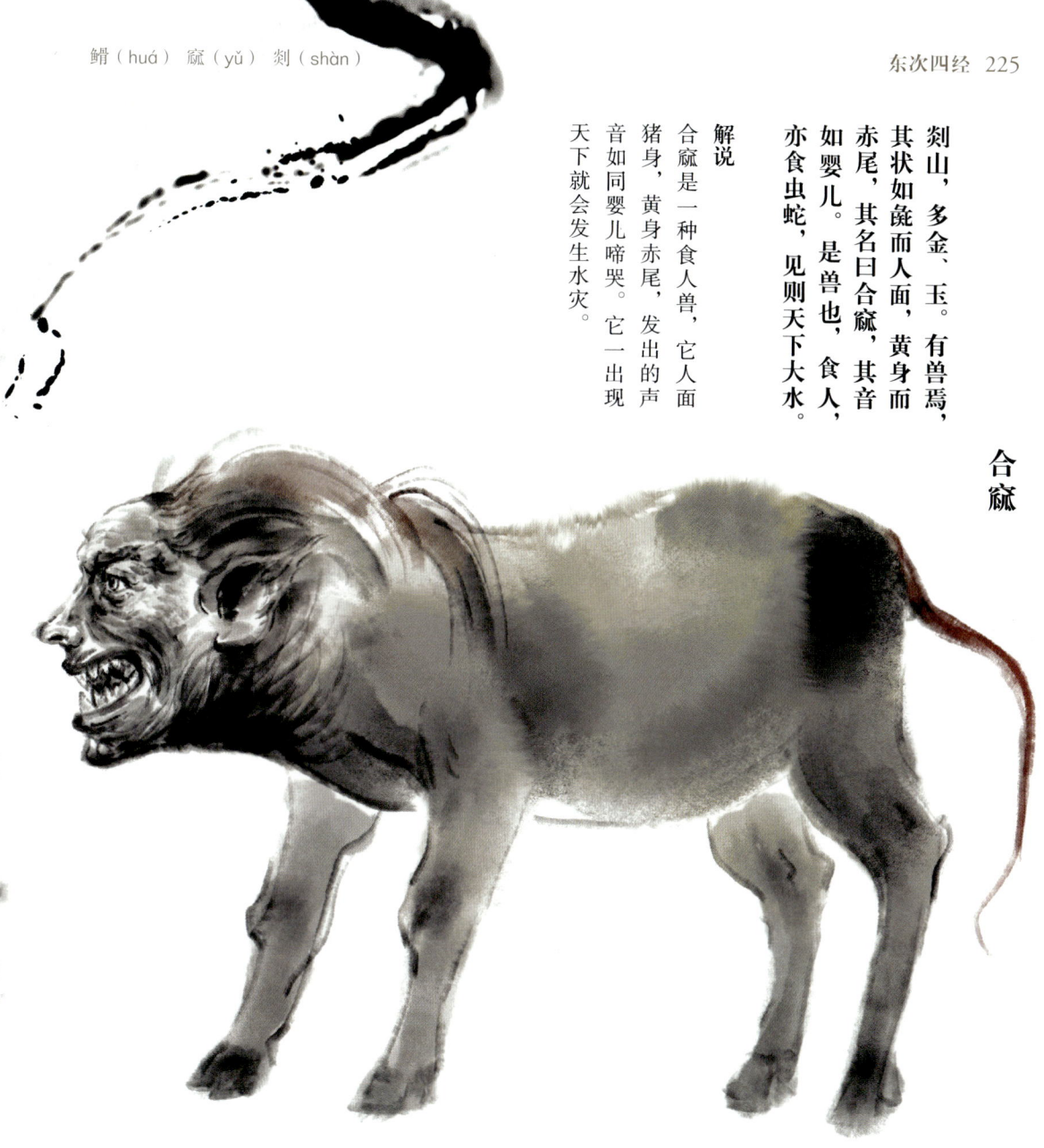

蜚

太山，……有兽焉，其状如牛而白首，一目而蛇尾，其名曰蜚，行水则竭，行草则死，见则天下大疫。

解说

蜚是一种外形像牛的独目兽，脑袋是白色的，长着一条蛇尾巴。它行经水泽，水就会干涸；行经草地，草就会枯死。它一出现天下就会发生大瘟疫。

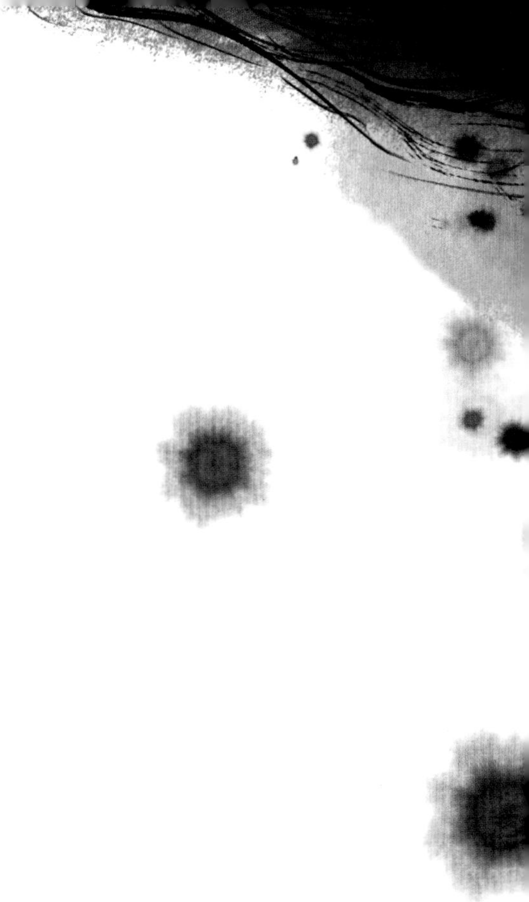

卷五

中山经

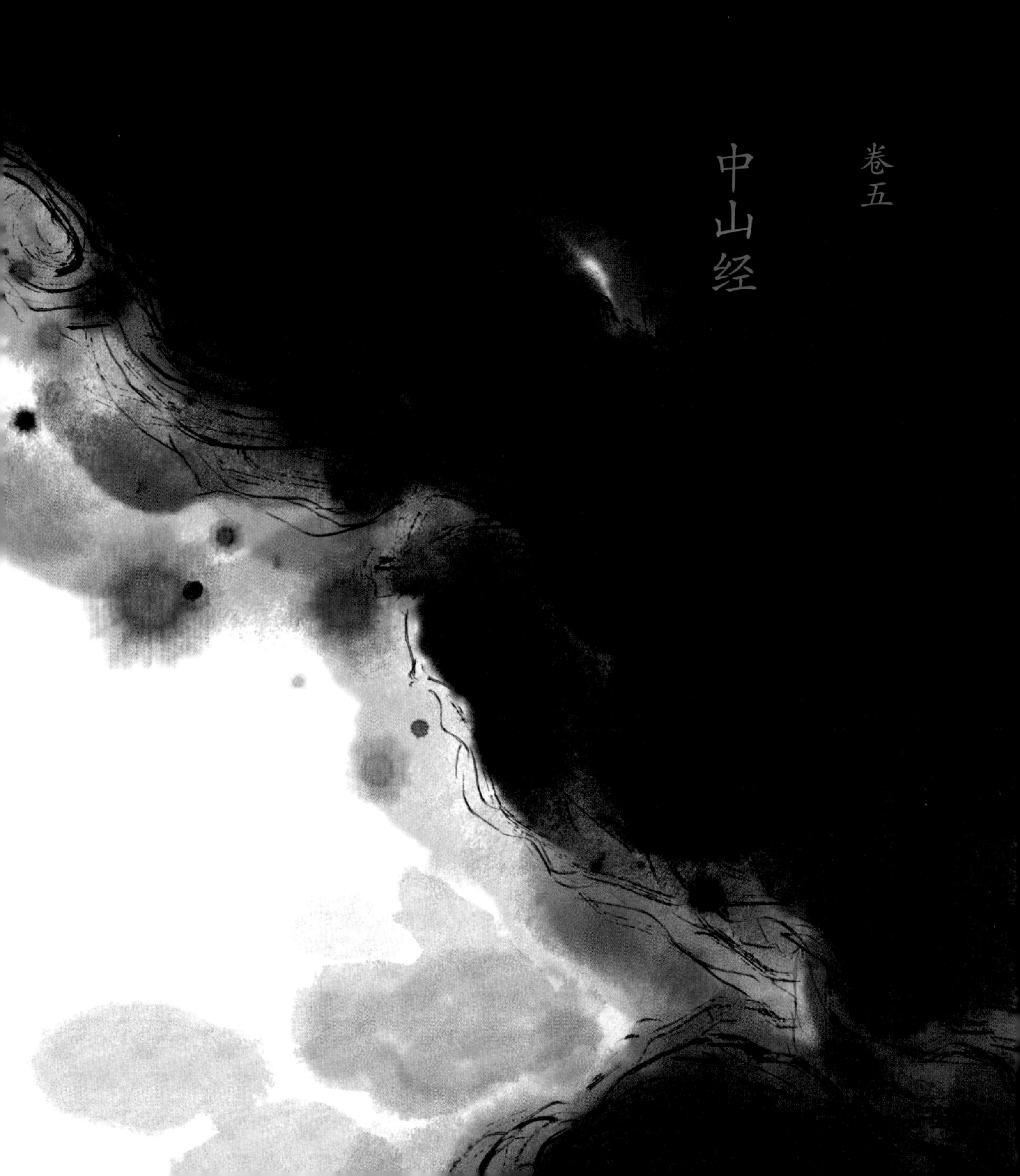

䶊

甘枣之山，……有兽焉，其状如鼣鼠而文题，其名曰䶊，食之已瘿。

注释

鼣鼠：未详。有研究者认为『鼣』或应作『風』。

解说

䶊是一种像鼣鼠的野兽，额头上有花纹。人吃了它的肉能治疗脖子上的赘瘤。

豪鱼

渠猪之山，其上多竹。渠猪之水出焉，而南流注于河。其中是多豪鱼，状如鲔，赤喙尾，赤羽，可以已白癣。

解说

豪鱼的形状像鲔鱼，长着红嘴巴、红尾巴、红羽毛。人吃了它的肉能治疗白癣病。

飞鱼

牛首之山。……劳水出焉，而西流注于潏水，是多飞鱼，其状如鲋鱼，食之已痔衕。

解说

飞鱼的外形像鲫鱼，人吃了它的肉能治疗痔漏。《中次三经》记载了另一种飞鱼，它长得像小猪，与此处完全不同。

朏朏

霍山，其木多榖。有兽焉，其状如狸，而白尾有鬣，名曰朏朏，养之可以已忧。

注释

狸：俗称野猫，像小一些胖一些的狐狸。

解说

朏朏的外形像野猫，长着白尾巴，脖子上有鬃毛。人饲养它可以解忧消愁。

鹖

辉诸之山，……其鸟多鹖。

解说

鹖长得像野鸡，但比野鸡略大，羽毛呈青色，头上有角，天性勇猛好斗，斗起来绝不退却，到死为止。

鸣蛇

鲜山，……其中多鸣蛇，其状如蛇而四翼，其音如磬，见则其邑大旱。

解说

鸣蛇长得像蛇，有四只翅膀，叫声如同敲磬声。它出现的地方会发生旱灾。

化蛇

阳山，……其中多化蛇，其状如人面而豺身，鸟翼而蛇行，其音如叱呼，见则其邑大水。

解说

化蛇是人面豺身的异兽。它长着鸟的翅膀，却像蛇一样爬行，发出的声音如同人的呵斥声。它出现的地方会发生水灾。

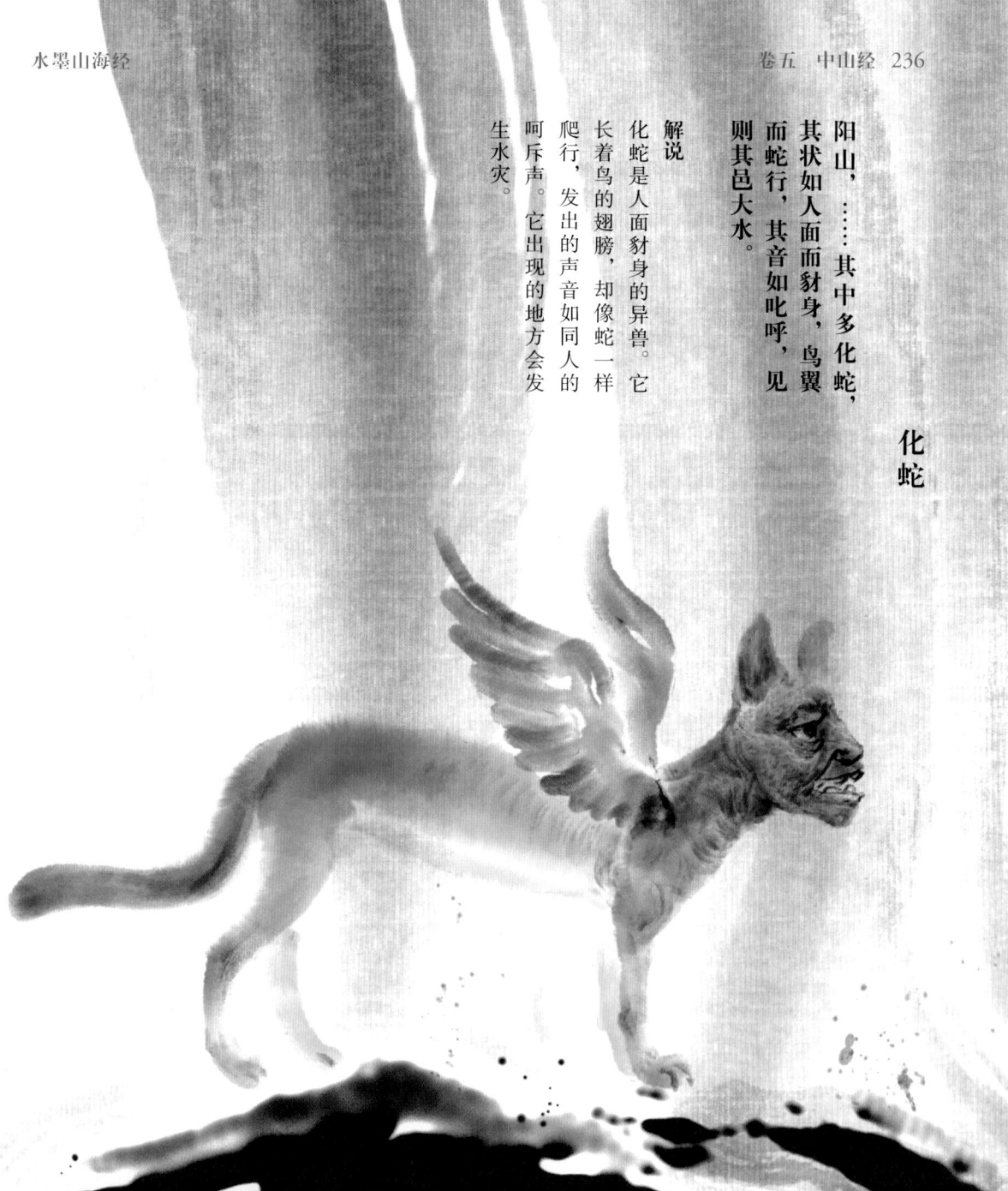

蛮蚳

昆吾之山，其上多赤铜。有兽焉，其状如彘而有角，其音如号，名曰蛮蚳，食之不眯。

解说

蛮蚳的外形像猪，头上长着角，所以又叫角彘。它的叫声音如同人在号啕大哭。人吃了它的肉就不会做噩梦。

马腹

蔓渠之山，……有兽焉，其名曰马腹，其状如人面虎身，其音如婴儿，是食人。

解说

马腹是一种人面虎身的食人兽。它的叫声如婴儿啼哭。

人面鸟身神

自辉诸之山至于蔓渠之山，凡九山，一千六百七十里。其神皆人面而鸟身。

解说

人面鸟身神是从辉诸山到蔓渠山共九座山的山神，他们的特点是人面鸟身。

熏池

敖岸之山，其阳多㻬琈之玉，其阴多赭、黄金。神熏池居之。是常出美玉。

解说

熏池是敖岸山的山神。历代研究者对熏池的形象没有具体描述，本书依据清汪绂《山海经存》中的熏池像绘图。

夫诸

敖岸之山，……有兽焉，其状如白鹿而四角，名曰夫诸，见则其邑大水。

解说

夫诸的外形像白鹿，但长着四只角。它出现的地方会发生水灾。

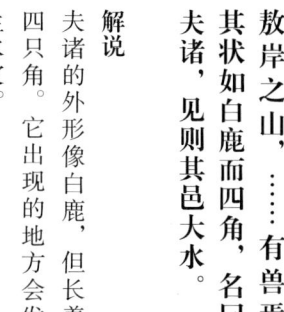

驾鸟

青要之山，实维帝之密都。北望河曲，是多驾鸟。

解说

郭璞认为驾鸟或即驾鹅，俗称野鹅。

墠（shàn） 渚（zhǔ）

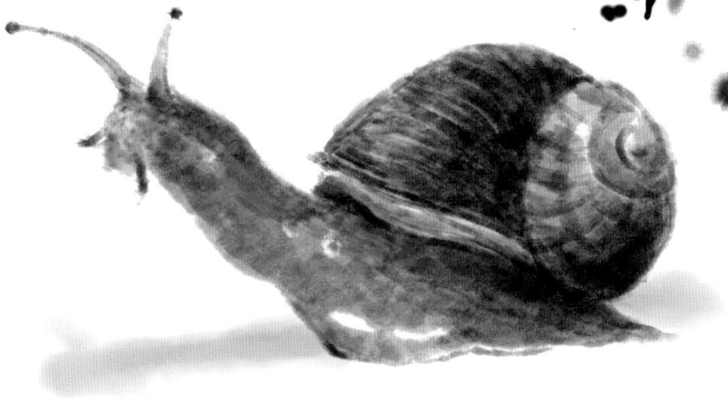

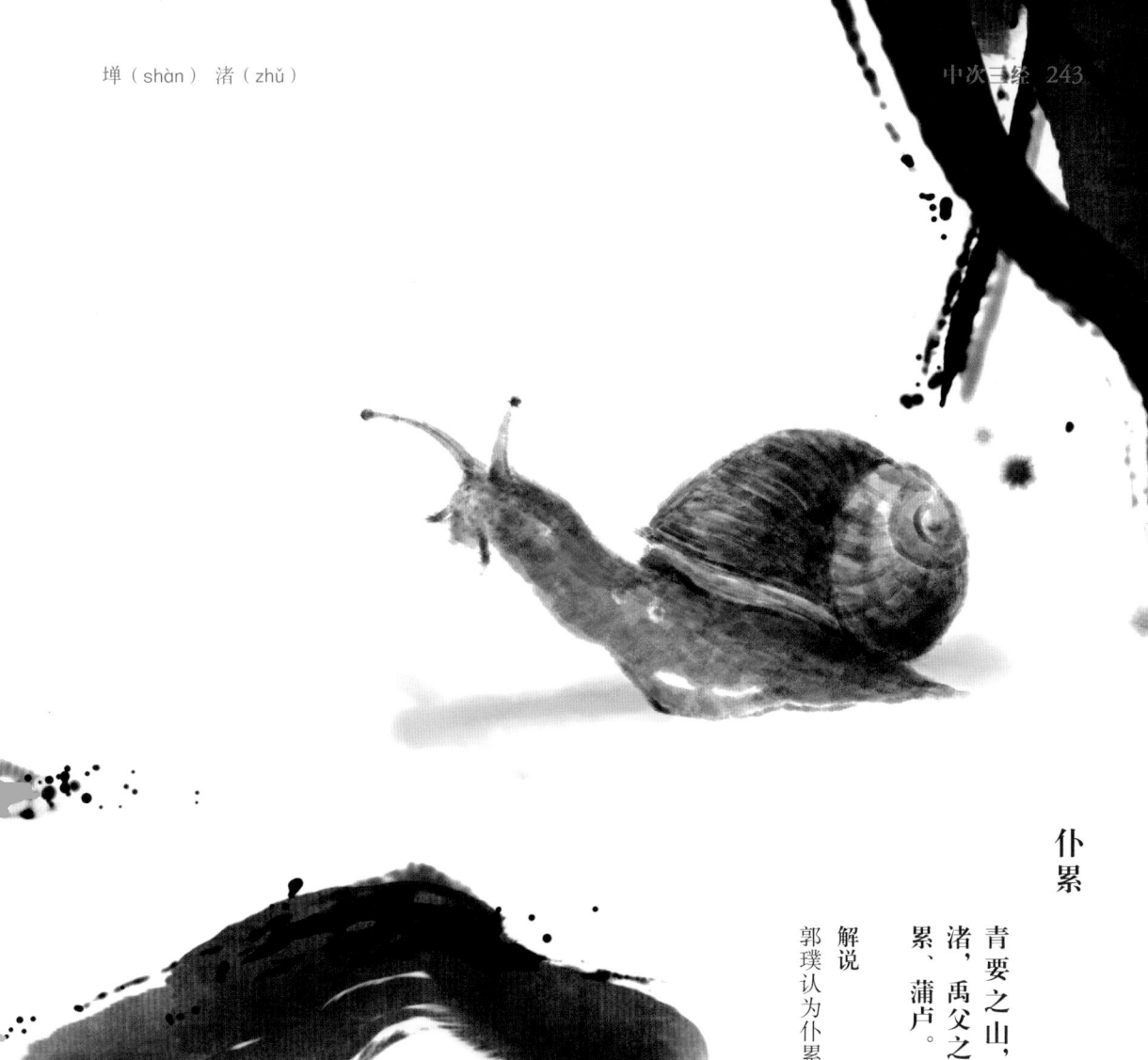

仆累

青要之山，……南望墠渚，禹父之所化，是多仆累、蒲卢。

解说

郭璞认为仆累即蜗牛。

蒲卢

青要之山，……南望墠渚，禹父之所化，是多仆累、蒲卢。

解说

郭璞引用《尔雅》观点，认为蒲卢即螟蛉。郝懿行则认为『蒲卢』『仆累』乃同类，是生活在水泽湿地中的动物。《礼记·中庸》中有『夫政也者，蒲卢也』句，郑玄认为蒲卢就是蜾蠃，即土蜂。清汪绂《山海经存》也将『蒲卢』绘成细腰蜂状。本书依汪绂本绘图。

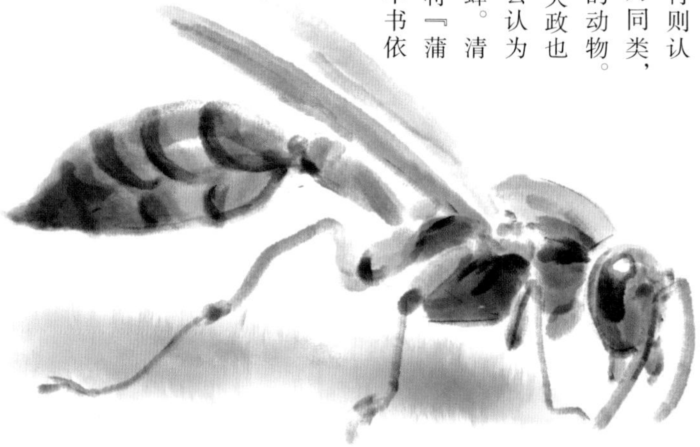

武罗

青要之山，……魋武罗司之，其状人面而豹文，小要而白齿，而穿耳以鐻，其鸣如鸣玉。是山也，宜女子。

注释

魋：神。

要：通『腰』。

鐻：指用金银制成的耳环。

解说

武罗是青要山的女性山神，帝之密都的管理者。她长着人的面孔，身上有豹纹，腰身细小，牙齿洁白，佩戴着金银耳环，鸣叫声像玉石撞击发出的声响。

畛（zhěn） 鹌（yǎo） 鴢（guī）

鴢

青要之山，……畛水出焉，而北流注于河。其中有鸟焉，名曰鴢，其状如凫，青身而朱目赤尾，食之宜子。

解说
鴢的外形像野鸭子，长着青色的身子、大红色眼睛和浅红色尾巴。人吃了它的肉可使子孙昌盛。

飞鱼

騩山，……正回之水出焉，而北流注于河。其中多飞鱼，其状如豚而赤文，服之不畏雷，可以御兵。

解说

飞鱼的外形像小猪，全身长满红色的斑纹。人吃了它的肉就不怕打雷，还可以躲避兵器的伤害。《中山经》牛首山亦有飞鱼，『其状如鲋鱼，食之已痔衕』，与此处不同。

泰逢

和山，……九水出焉，合而北流注于河，其中多苍玉。吉神泰逢司之，其状如人而虎尾，是好居于萯山之阳，出入有光。泰逢神动天地气也。

解说

泰逢是和山的山神，也是能兴起风云的吉神。他外形像人，长着老虎尾巴，喜欢住在萯山的南面，出入时有光芒闪耀。

麐

扶猪之山，其上多礝石。有兽焉，其状如貉而人目，其名曰麐。

注释

礝：一种次于玉的美石。

貉：犬科动物，外貌似狐狸，但体较肥，腿较短，尾巴短而蓬松。

解说

麐的样子像貉，眼睛像人眼。

犀渠

厘山，……有兽焉，其状如牛，苍身，其音如婴儿，是食人，其名曰犀渠。

解说

犀渠是一种食人兽。它长得像牛，全身呈青黑色，发出的声音如同婴儿啼哭。

犭颉

厘山，……滽滽之水出焉，而南流注于伊水。有兽焉，名曰犭颉，其状如獳犬而有鳞，其毛如彘鬣。

注释

獳：狗发怒的样子。

解说

犭颉长得像发怒的狗，身上有鳞甲，毛像猪鬃。

人面兽身神

自鹿蹄之山至于玄扈之山，凡九山，千六百七十里。其神状皆人面兽身。

解说

人面兽身神是从鹿蹄山到玄扈山共九座山的山神，他们的特点是人面兽身。

䲤鸟

首山，……多䲤鸟，其状如枭而三目，有耳，其音如录，食之已垫。

注释

录：郝懿行认为『录』是『鹿』的假借字。

解说

䲤鸟的外形像猫头鹰，长着三只眼睛和一对耳朵，发出的声音如同鹿鸣。人吃了它的肉可治疗湿气病。

尸山，多苍玉，其兽多麖。

解说

麖是体形较大的一种鹿。

麖

骄虫

平逢之山，……有神焉，其状如人而二首，名曰骄虫，是为螫虫，实惟蜂、蜜之庐。

解说

骄虫的外形像人，但长着两个脑袋。他是螫虫之神，也是山神的一员，他所居的山上有各种蜂聚集做巢。

鸰鹦

厖山，……其中有鸟焉，状如山鸡而长尾，赤如丹火而青喙，名曰鸰鹦，其鸣自呼，服之不眯。

解说

鸰鹦长得像野鸡，拖着长长的尾巴，全身通红如火，唯有嘴巴是青色的。它的叫声就像在呼唤自己的名字。人吃了它的肉就不会做噩梦。

旋龟

密山，……豪水出焉，而南流注于洛，其中多旋龟，其状鸟首而鳖尾，其音如判木。

解说

旋龟长着鸟的脑袋和鳖的尾巴，叫声像劈开木头的声音。《南山经》杻阳山亦有旋龟，其『鸟首虺尾，音如判木』，与此处略有差别。

鯈䲜鱼

橐山，……橐水出焉，而北流注于河。其中多鯈䲜之鱼，状如黾而白喙，其音如鸱，食之已白癣。

解说

鯈䲜鱼的外形像青蛙，长着白嘴巴，叫声像鹞鹰。人吃了它的肉能治疗白癣病。

山膏

苦山，有兽焉，名曰山膏，其状如逐，赤若丹火，善詈。

注释

逐：研究者认为『逐』即『豚』字。

詈：骂。这里可能指山膏的叫声像人在吵骂。

解说

山膏的外形像小猪，身上红得如同丹火。它的叫声像在骂人。

天愚

堵山，神天愚居之，是多怪风雨。

解说

天愚是堵山的山神，他时常在这座山上兴怪风怪雨。

文文

放皋之山，……有兽焉，其状如蜂，枝尾而反舌，善呼，其名曰文文。

解说　文文的外形像蜜蜂，长着分叉的尾巴和反着生长的舌头，喜欢高声呼喊。

三足龟

大苦之山，……其阳狂水出焉，西南流注于伊水，其中多三足龟，食者无大疾，可以已肿。

解说

三足龟是一种吉兽。人吃了它的肉就不会生大病，还可以清瘀消肿。

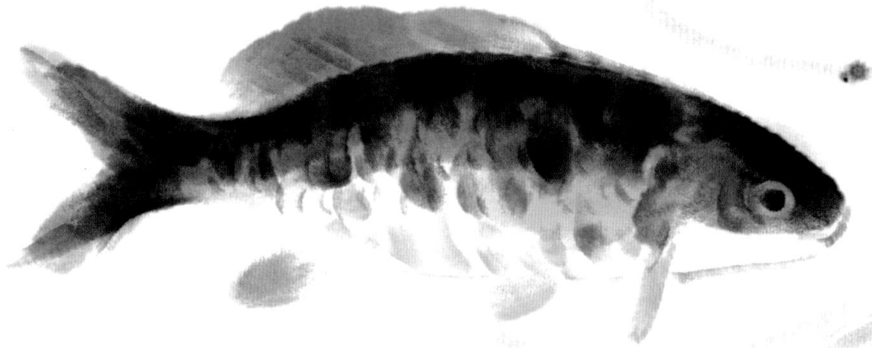

𬶏鱼

半石之山。……来需之水出于其阳，而西流注于伊水，其中多𬶏鱼，黑文，其状如鲋，食者不睡。

注释

鲋：郝懿行认为鲋鱼即鲫鱼。

解说

𬶏鱼的外形像鲫鱼，浑身长满黑色斑纹。人吃了它的肉就不会打瞌睡。

螣鱼

半石之山。……合水出于其阴，而北流注于洛，多螣鱼，状如鳜，居逵，苍文赤尾，食者不痈，可以为瘘。

注释

逵：四通八达的大路，这里指水底相互贯通着的洞穴。

解说

螣鱼的形状像鳜鱼，身上有青色斑纹，长着红色的尾巴，喜欢居住在水底洞穴中。人吃了它的肉就不会得痈肿病，还可以治疗痔瘘。

鯑鱼

少室之山，……休水出焉，而北流注于洛，其中多鯑鱼，状如盩蜼而长距，足白而对，食者无蛊疾，可以御兵。

注释

盩蜼：郝懿行认为「盩」当为「盩」。盩蜼是一种很像猕猴的野兽。

解说

鯑鱼长得像猕猴，爪子很长，有白色的脚相对而生。人吃了它的肉就不会有疑心病，还能躲避兵器的伤害。

凡苦山之首，自休与之山至于大騩之山，凡十有九山，千一百八十四里。其十六神者，皆豕身而人面。

解说

从休与山到大騩山共有十九座山的山神，其中十六座山的山神是猪身人面神。

豕身人面神

人面三首神

苦山、少室、太室皆冢也。……其神状皆人面而三首，其余属皆豖身人面也。

解说

苦山、少室、太室三座山是苦山山系十九座山的宗主，这三座山的山神都长着人面，有三个脑袋。

文鱼

景山，……雎水出焉，东南流注于江，其中多丹粟，多文鱼。

解说

文鱼是一种长有彩色斑彩的鱼。研究者认为文鱼或与现实世界中的石斑鱼最相似。

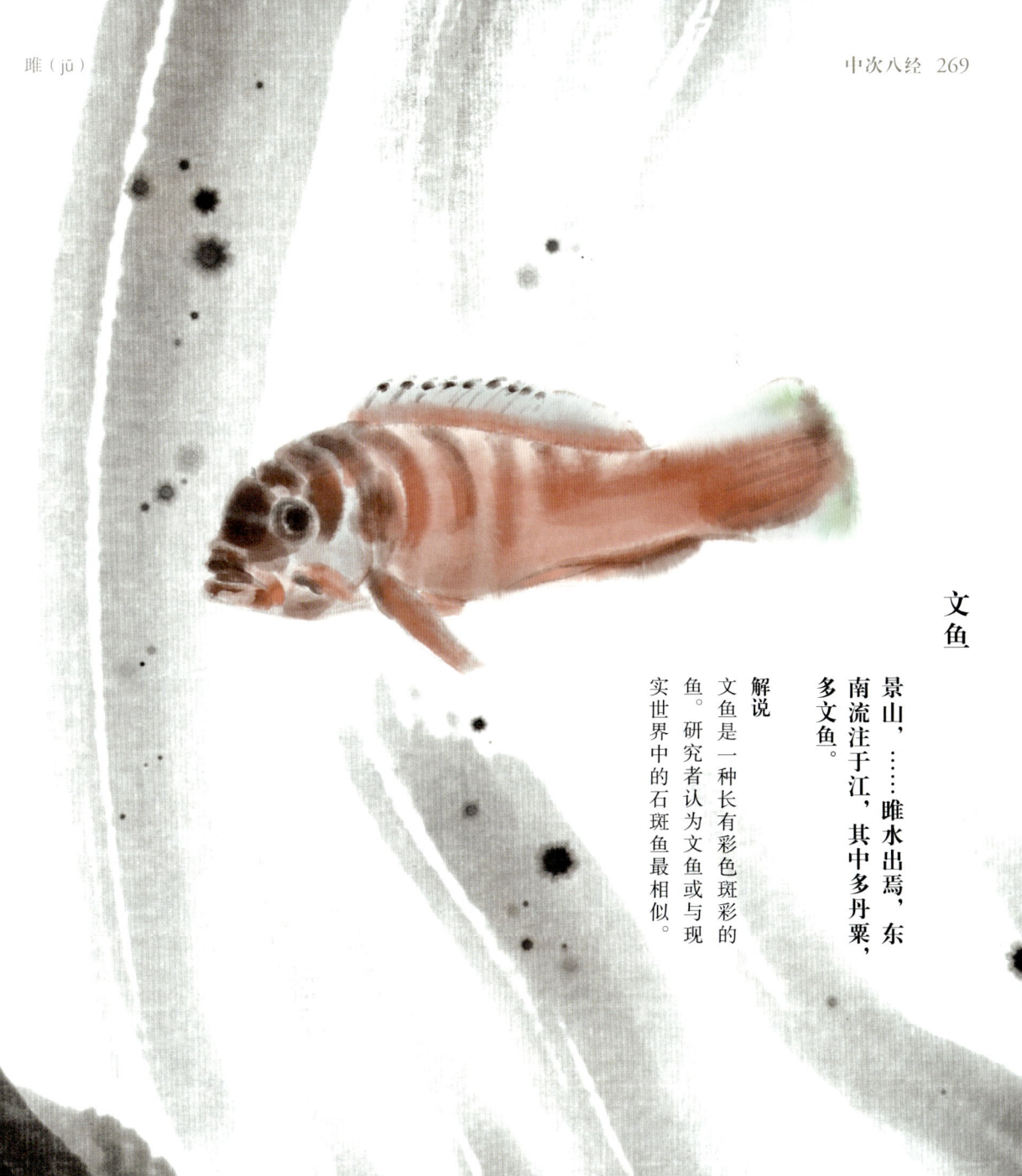

犛牛

荆山，其阴多铁，其阳多赤金。其中多犛牛，多豹虎。

解说

犛牛即现实世界中的牦牛。

豹

荆山，其阴多铁，其阳多赤金。其中多牦牛，多豹虎。

解说

豹即现实世界中的豹。

鲛鱼

荆山，……漳水出焉，而东南流注于睢，其中多黄金，多鲛鱼。

解说

据郭璞注，鲛鱼身上有珍珠一样的斑纹，尾巴长三四尺，末端有毒刺；皮很坚硬，可用作刀剑的饰品。鲛鱼与现实世界中的白斑星鲨最相似。

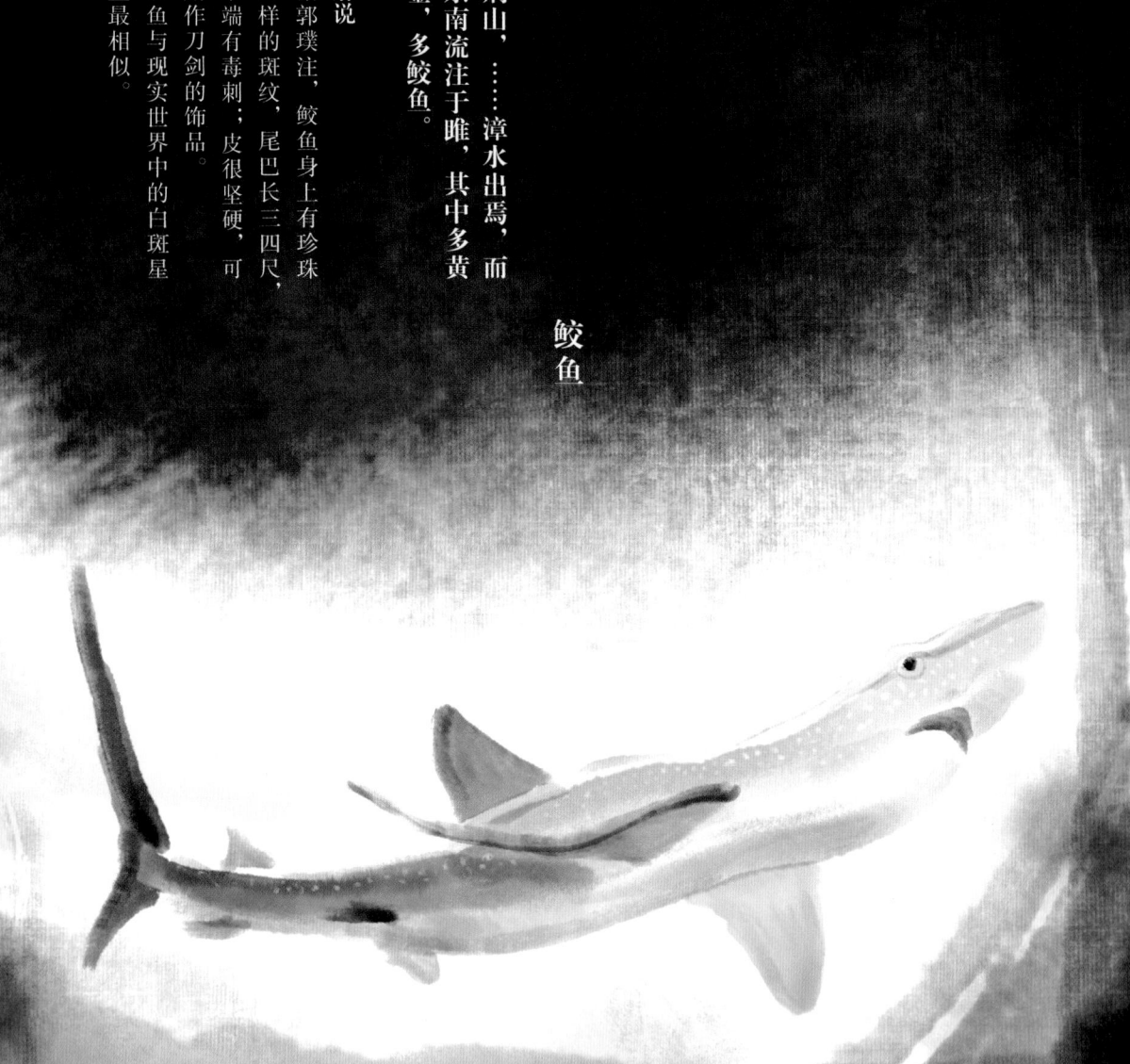

骄山，其上多玉，其下多青雘，其木多松、柏，多桃枝、钩端。神䰠围处之，其状如人面，羊角虎爪，恒游于雎、漳之渊，出入有光。

解说

䰠围是骄山的山神，它样子像人，长着羊角、虎爪，常常在雎水和漳水的深渊里畅游，出入水面时会发出亮光。

䰠围

女几之山，其上多玉，其下多黄金，其兽多豹、虎，多闾、麋、麖、麂，其鸟多白鷮，多翟，多鸩。

麂

解说

麂是一种麋鹿类小鹿。

鸩

女几之山，其上多玉，其下多黄金，其兽多豹、虎，多闾、麋、麖、麂，其鸟多白𬸣，多翟，多鸩。

解说

据郭璞注，鸩是一种身体有毒的鸟，它体形如雕，长着长脖子、红嘴巴，羽毛是紫绿色的，以蝮蛇的头为食。鸩又见于《中次十一经》瑶碧山，其『状如雉，恒食蜚』，与此处不同。

纶山，……其兽多闾、麈、麢、臭。

解说

麈是一种体形较大的鹿。

麈

麈（zhǔ） 麢（líng） 㚟（chuò）

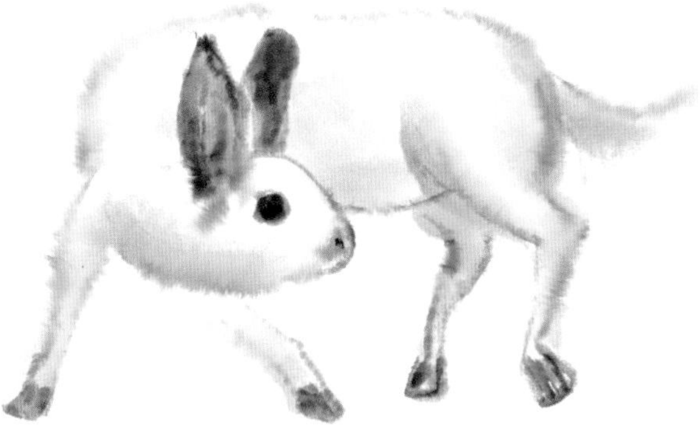

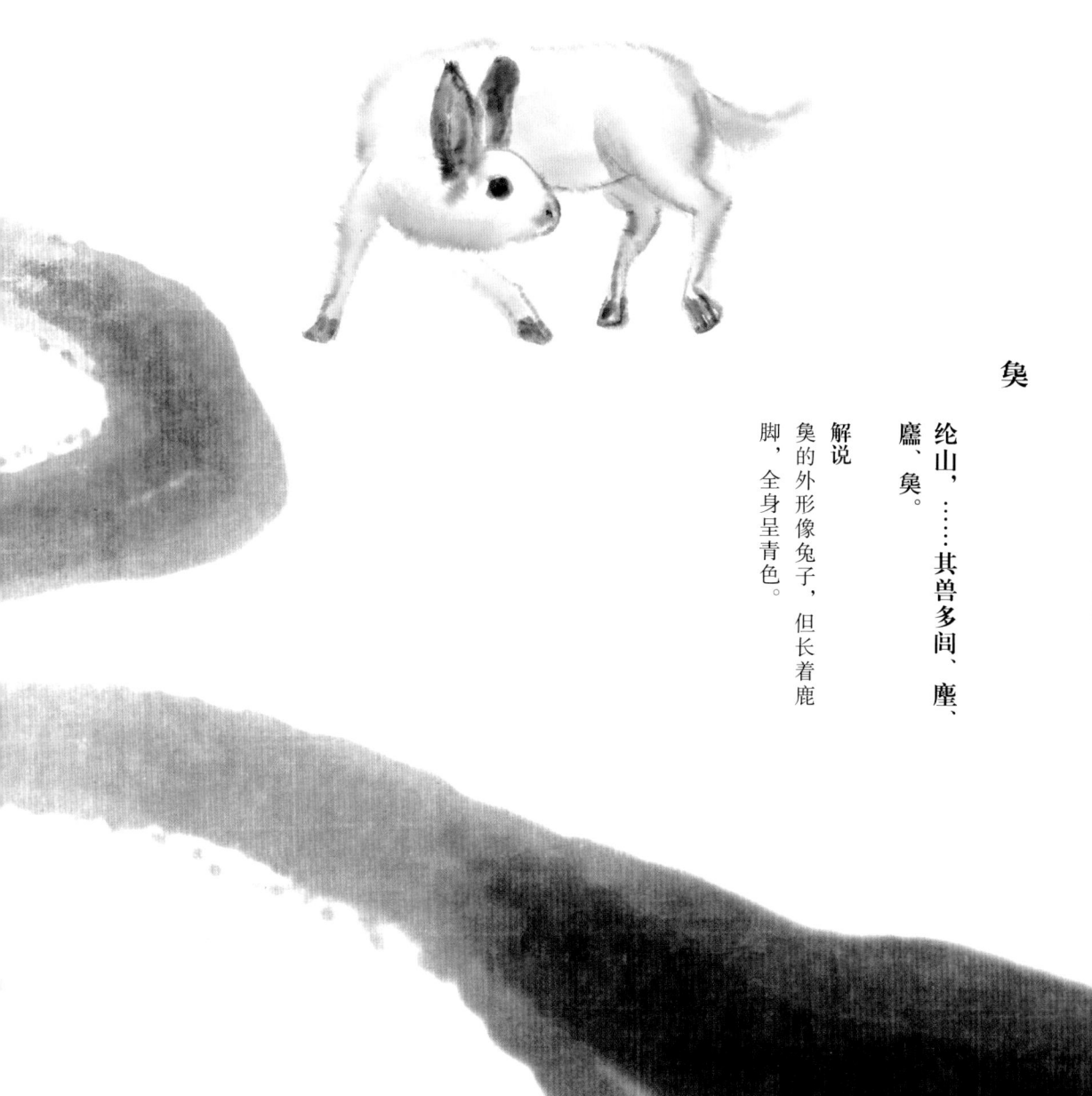

㚟

纶山，……其兽多闾、麈、麢、㚟。

解说

㚟的外形像兔子，但长着鹿脚，全身呈青色。

计蒙

光山，其上多碧，其下多木。神计蒙处之，其状人身而龙首，恒游于漳渊，出入必有飘风暴雨。

解说

计蒙是光山的山神，他人身龙首，常常在漳水的深渊里畅游，出入时必伴有暴风骤雨。

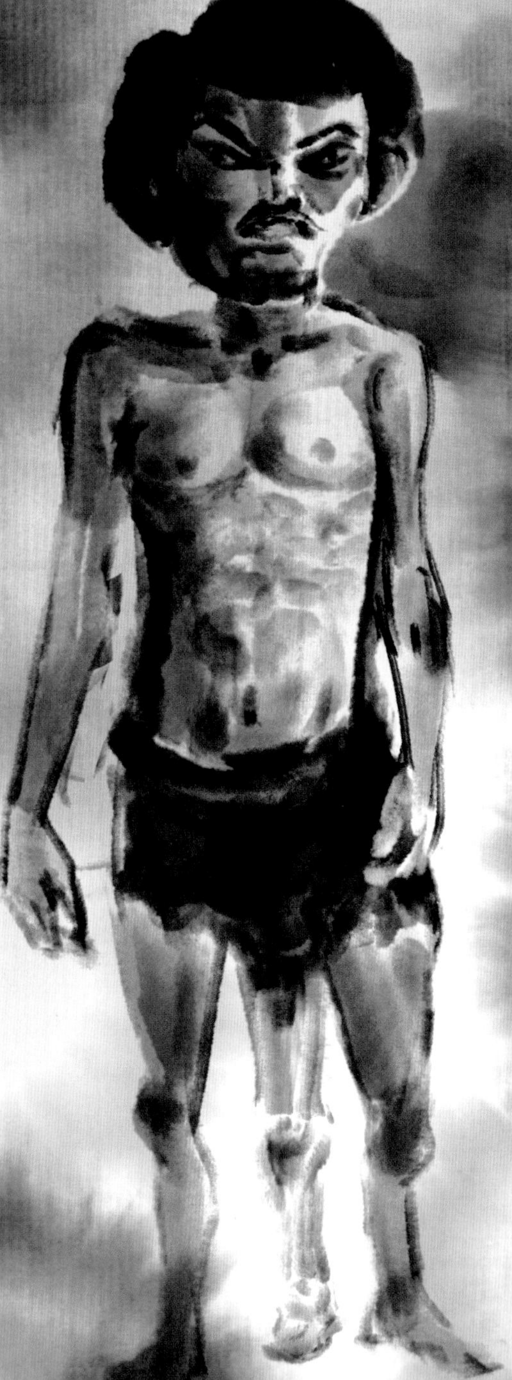

涉蟲

岐山，……神涉蟲处之，其状人身而方面，三足。

解说

涉蟲是岐山的山神。他外形像人，长着方形面孔，有三只脚。

鸟身人面神

凡荆山之首，自景山至琴鼓之山，凡二十三山，二千八百九十里。其神状皆鸟身而人面。

解说

鸟身人面神是从景山到琴鼓山共二十三座山的山神，他们的特点是鸟身人面。

鼍

岷山，江水出焉，东北流注于海，其中多良龟，多鼍。

解说

鼍即扬子鳄，又称鼍龙、猪婆龙，长得像蜥蜴，身上有花纹鳞，大的长达两米，皮可以用来制鼓。

夔牛

岷山，……其兽多犀、象，多夔牛，其鸟多翰、鷩。

解说

夔牛是传说中的一种身躯庞大的野牛。

窃脂

崌山，……有鸟焉，状如鸮而赤身白首，其名曰窃脂，可以御火。

解说

窃脂长得像猫头鹰，脑袋是白色的，身子是红色的。人饲养它可以防御火灾。

𤟤狼

蛇山，……有兽焉，其状如狐，而白尾长耳，名𤟤狼，见则国内有兵。

解说

𤟤狼的外形像狐狸，长着长耳朵和白尾巴。它出现的地方会发生战争。

蜼

鬲山，……其兽多犀、象、熊、罴，多猿、蜼。

解说

据郭璞注，蜼长得像猿猴，鼻孔朝上，尾巴分叉，长四五尺。下雨时它会自己悬挂在树上，用尾巴或手指塞住鼻孔。

蜼又见于《海外南经》狄山、《海内西经》昆仑山。

熊山神

熊山，有穴焉，熊之穴，恒出神人，夏启而冬闭。是穴也，冬启乃必有兵。

解说

熊山神是居住在熊山熊穴的神。熊山神的洞穴夏季开启而冬季关闭，如果洞穴在冬季开启了，就一定会发生战争。

马身龙首神

凡岷山之首，自女几山至于贾超之山，凡十六山，三千五百里。其神状皆马身而龙首。

解说

马身龙首神是从女几山到贾超山共十六座山的山神，他们的特点是马身龙首。

跂踵

复州之山，……有鸟焉，其状如鸮，而一足彘尾，其名曰跂踵，见则其国大疫。

解说

跂踵是一种像猫头鹰的怪鸟，它仅有一只爪子，长着猪一样的尾巴。它出现的国家会发生大瘟疫。

鸜鹆

又原之山，其阳多青雘，其阴多铁，其鸟多鸜鹆。

解说

鸜鹆又称鸲鹆，俗名八哥。

龙身人面神

凡首阳山之首，自首山至于丙山，凡九山，二百六十七里。其神状皆龙身而人面。

解说

龙身人面神是从首山到丙山共九座山的山神，他们的特点是龙身人面。

雍和

丰山，有兽焉，其状如猿，赤目、赤喙、黄身，名曰雍和，见则国有大恐。

解说

雍和的外形像猿猴，身体是黄色的，眼睛和嘴巴是红色的，它出现的国家会发生很恐怖的事。

耕父

丰山，……神耕父处之，常游清泠之渊，出入有光，见则其国为败。

解说

耕父是丰山的山神，他经常在清泠之渊畅游，出入水面时会伴有光芒。他出现的国家将会衰败。

鸩

瑶碧之山，……有鸟焉，其状如雉，恒食蜚，名曰鸩。

注释

蜚：一种椭圆形的小害虫，散发恶臭。《东次四经》有兽名『蜚』，与此处的蜚不同。

解说

鸩鸟的样子像野鸡，喜欢吃小臭虫。

婴勺

支离之山，……有鸟焉，其名曰婴勺，其状如鹊，赤目、赤喙、白身，其尾若勺，其鸣自呼。

解说

婴勺的外形像喜鹊，身体呈白色，长着红眼睛、红嘴巴，尾巴像勺子。它的叫声像是在呼唤自己的名字。

青耕

堇理之山，……有鸟焉，其状如鹊，青身白喙，白目白尾，名曰青耕，可以御疫，其鸣自叫。

解说

青耕的外形像喜鹊，身体呈青色，但嘴巴、眼睛、尾巴都是白色的。青耕是一种吉鸟，人饲养它可以躲避瘟疫。

獜

依轱之山，……有兽焉，其状如犬，虎爪有甲，其名曰獜，善駚坌，食者不风。

注释

駚坌：跳跃自扑。

解说

獜的外形像狗，身上有鳞甲，爪子像老虎，擅长跳跃腾扑。人吃了它的肉就不患风痹病。

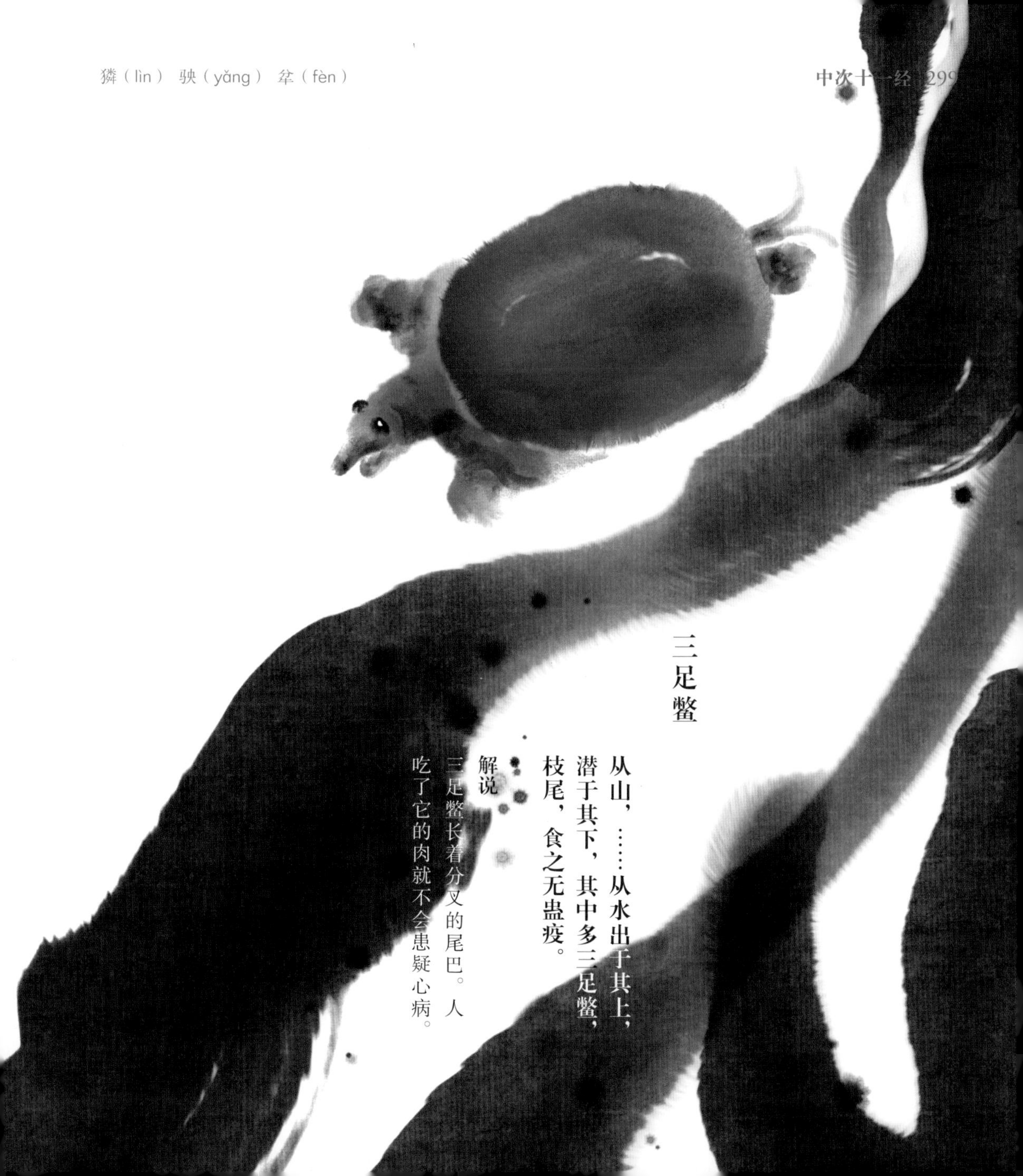

三足鳖

从山，……从水出于其上，潜于其下，其中多三足鳖，枝尾，食之无蛊疫。

解说

三足鳖长着分叉的尾巴。人吃了它的肉就不会患疑心病。

狭

乐马之山。有兽焉，其状如彙，赤如丹火，其名曰狭，见则其国大疫。

解说

狭是一种外形像刺猬的灾兽，全身赤红如丹火。它出现的国家会发生大瘟疫。

颉

葴山，视水出焉，东南流注于汝水，其中多人鱼，多蛟，多颉。

解说

颉的外形像狗，浑身呈黑色。颉与现实世界中的水獭比较相似。

狙如

倚帝之山，……有兽焉，其状如鼣鼠，白耳白喙，名曰狙如，见则其国有大兵。

鼣（fèi）

注释

鼣鼠：传说中的鼠名，叫声像狗吠。

解说

狙如是一种灾兽，形状像鼣鼠，长着白耳朵、白嘴巴。它出现的国家会发生大规模战争。

㺔即

鲜山，……有兽焉，其状如膜大，赤喙、赤目、白尾，见则其邑有火，名曰㺔即。

注释

膜大：郝懿行认为『大』当为『犬』字之讹。膜犬是一种体形高大、性情凶悍的狗。

解说

㺔即是一种外形像膜犬的灾兽，长着红嘴巴、红眼睛和白尾巴。它出现的地方会发生火灾。

梁渠

历石之山，……有兽焉，其状如狸，而白首虎爪，名曰梁渠，见则其国有大兵。

解说

梁渠是一种像野猫的灾兽，长着白色的脑袋、老虎一样的爪子。它出现的国家会发生大规模战争。

𫛛鵌

丑阳之山，……有鸟焉，其状如乌而赤足，名曰𫛛鵌，可以御火。

解说

𫛛鵌是一种外形像乌鸦的鸟，长着红色的爪子。人饲养它可以防御火灾。

闻獜

几山，……有兽焉，其状如彘，黄身、白头、白尾，名曰闻獜，见则天下大风。

解说

闻獜长得像猪，身子是黄色的，脑袋和尾巴是白色的。它一出现，天下就会刮起大风。

彘身人首神

凡荆山之首，自翼望之山至于几山，凡四十八山，三千七百三十二里。其神状皆彘身人首。

解说

彘身人首神是从翼望山到几山共四十八座山的山神，他们的特点是猪身人首。

于儿

夫夫之山，……神于儿居之，其状人身而身操两蛇，常游于江渊，出入有光。

解说

于儿是夫夫山的山神。他手握两条蛇，常常在江渊中畅游，出入江水时都会发出亮光。

澧（lǐ）沅（yuán）

帝二女

洞庭之山，……帝之二女居之，是常游于江渊。澧沅之风，交潇湘之渊，是在九江之间，出入必以飘风暴雨。

解说

帝二女指尧的两个女儿娥皇、女英，她们嫁给舜为妻，死后成为江神。她们居住在洞庭山，常在江中的深渊畅游。她们出入江水时必伴随狂风骤雨。

洞庭怪神

洞庭之山，……是多怪神，状如人而载蛇，左右手操蛇。

解说

洞庭怪神生活在洞庭山，他们外形和人一样，身上缠绕着蛇，手中也握着蛇。

蛫

即公之山，……有兽焉，其状如龟，而白身赤首，名曰蛫，是可以御火。

解说

蛫是一种外形像乌龟的奇兽，它身体是白色的，脑袋是红色的。人饲养它可以防御火灾。

飞蛇

柴桑之山，……其兽多麋、鹿，多白蛇、飞蛇。

解说

飞蛇即螣蛇，也作腾蛇，传说这是一种能腾云驾雾的蛇。曹操《龟虽寿》有『腾蛇乘雾，终为土灰』句。

鸟身龙首神

凡洞庭山之首，自篇遇之山至于荣余之山，凡十五山，二千八百里。其神状皆鸟身而龙首。

解说

鸟身龙首神是从篇遇山到荣余山共十五座山的山神，他们的特点是鸟身龙首。

卷六

海外南经

结匈国

结匈国在其西南，其为人结匈。

注释

结匈：匈，『胸』的古字，指胸部。『结匈』可能指鸡胸，是一种胸骨向前隆起的畸形。

解说

结匈国人的胸脯像鸡胸一样向前凸出。

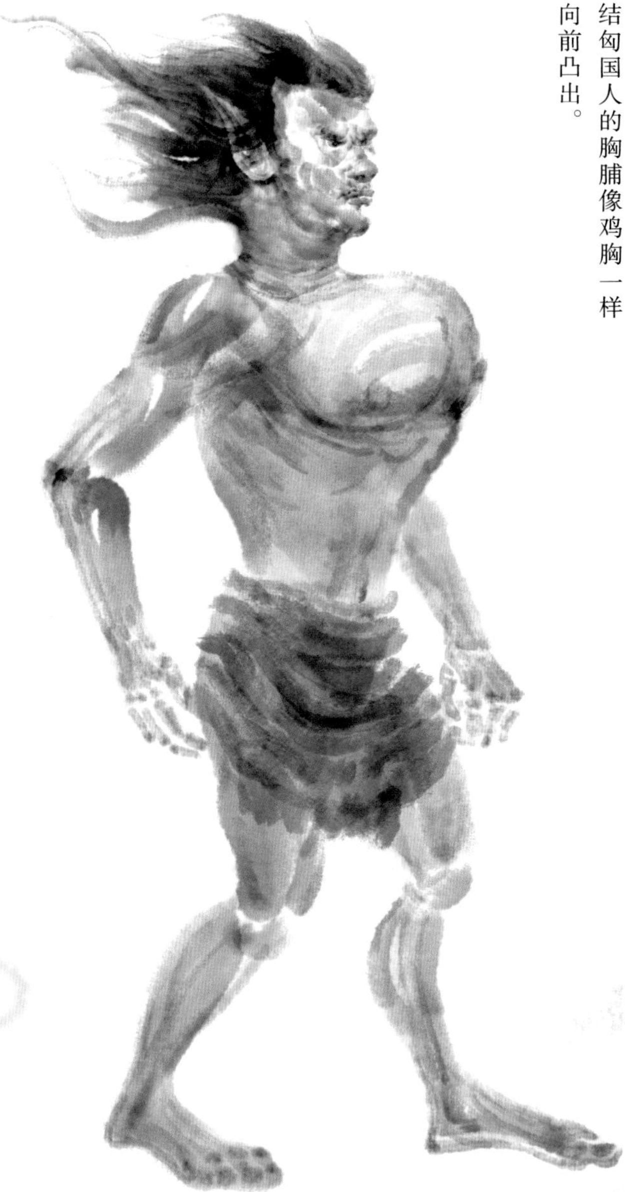

羽民国

羽民国在其东南，其为人长头，身生羽。一曰在比翼鸟东南，其为人长颊。

解说

羽民国人的脑袋非常长，身上长着羽翼。还有一种说法认为羽民国在比翼鸟的东南，那里的人脸颊很长。

二八神人

有神人二八，连臂，为帝司夜于此野。在羽民东。其为人小颊赤肩，尽十六人。

注释

司：通『伺』，侦察、观察，文中指守候。

解说

二八神人的两只手臂连在一起，他在旷野之中为天帝守夜。还有一种说法认为，二八神人共十六人，他们分成两个队列，一队八人，手挽手为天帝守夜。本书依据后一种说法绘图。

讙头国

讙头国在其南，其为人人面有翼，鸟喙，方捕鱼。一曰在毕方东。或曰讙朱国。

解说

讙头国人长着人的面孔，有两只翅膀，他们能用自己的鸟嘴捕鱼。有人认为讙头国就是讙朱国。

袁珂认为，讙头、讙朱、驩兜都是尧的儿子丹朱的异名。据传，尧把天下让给了舜，而把品行不端的儿子丹朱放逐到南方丹水做诸侯。丹朱心怀不满起兵谋反，但最终失败，投海自尽，其灵魂化身为鹈鸟。丹朱的子孙在南海建立的国家就是讙朱国，也即讙头国。

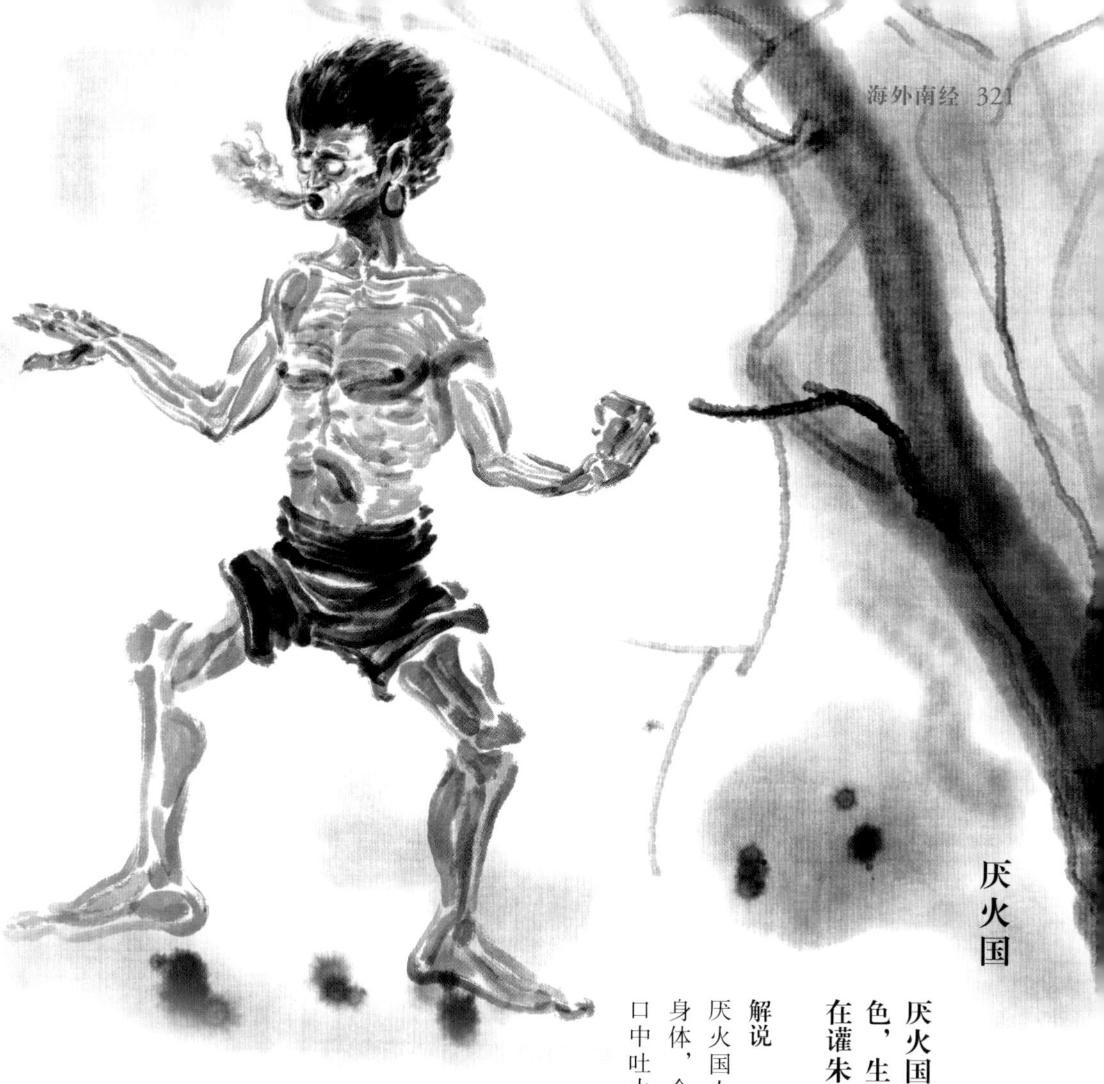

厌火国

厌火国在其国南，兽身黑色，生火出其口中。一曰在讙朱东。

解说

厌火国人都长着野兽一样的身体，全身黑色，他们能从口中吐火。

臷（zhí）

臷国

臷国在其东，其为人黄，能操弓射蛇。一曰臷国在三毛东。

解说

臷国人是帝舜的后代，他们都是黄皮肤，擅长操弓射蛇。《大荒南经》有臷民国，国人不用劳作就可以衣食无忧；国中有能歌善舞的鸟，有各种各样的野兽群集，还有各种农作物汇聚，简直就是理想之地。『臷国』『臷民国』名字接近，或为同一国家。

贯匈国

贯匈国在其东，其为人匈有窍。一曰在䳒国东。

注释

匈：同『胸』。

解说

贯匈国即贯胸国，又称穿胸国。贯匈国人从前胸到后背都有一个大洞。

《博物志》有穿胸国的相关记载：大禹治水时期，曾召见天下诸侯于会稽山，吴越山神防风氏后到，禹杀之。后来禹乘坐龙车巡游诸国，经南方防风氏辖地时，防风神裔见而怒射之。此时雷声大作，二龙驾车载禹飞腾而去。防风神裔知道自己闯了大祸，便以刃自贯己心而死。禹念其忠诚可嘉，命人将不死草塞在其胸前洞中，使之死而复生。自此防风神裔胸有窍，其后人也都胸有窍。

交胫国

交胫国在其东，其为人交胫。一曰在穿匈东。

解说

交胫国人个子不高，大约四尺，身有毛，足骨无节，腿脚弯曲而相互交叉。据说交胫国人躺下后要靠人搀扶才能站起来。

不死民

不死民在其东，其为人黑色，寿，不死。一曰在穿匈国东。

解说

不死民都是黑皮肤，且长寿不死。《大荒南经》中有不死之国，那里的人姓阿，吃不死树。《博物志》中有不死树，食不死树可长寿；有赤泉，饮赤泉水可不老。

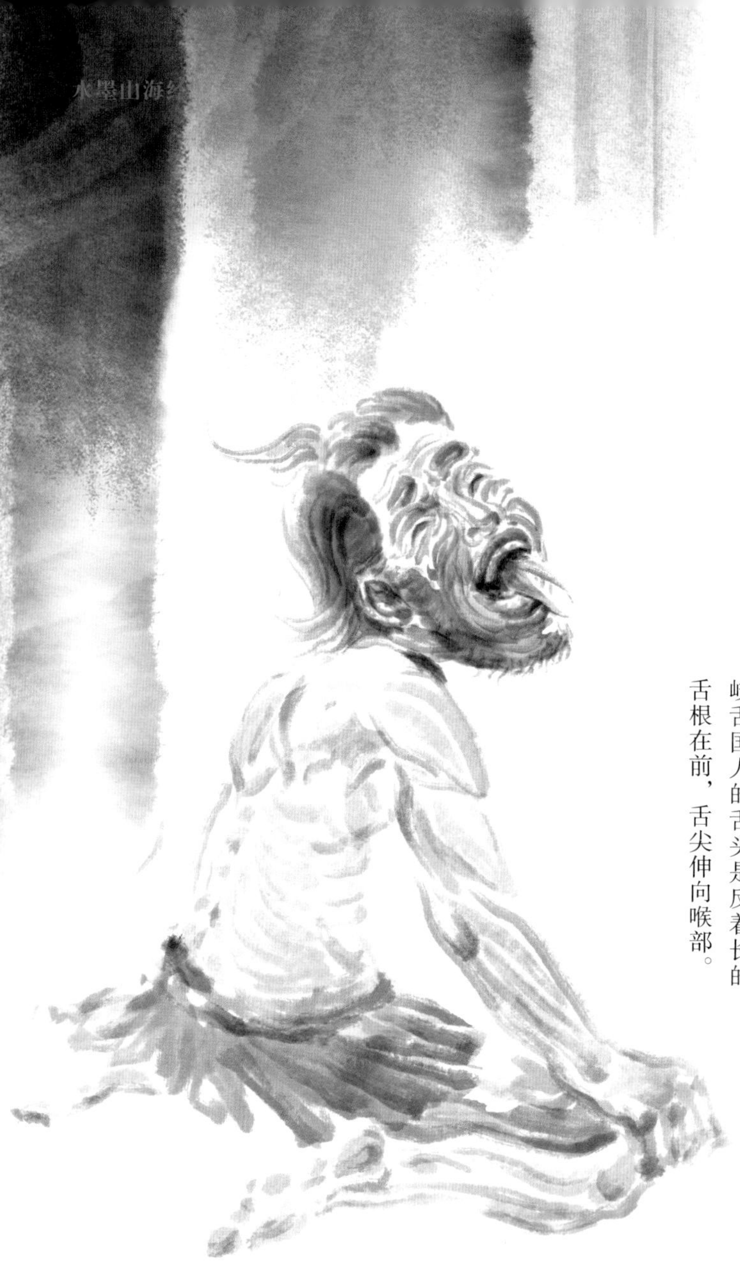

岐舌国

岐舌国在其东。一曰在不死民东。

解说

郭璞认为岐舌国人的舌头都是分叉的。还有一些研究者认为：『岐舌』当为『反舌』，岐舌国人的舌头是反着长的，舌根在前，舌尖伸向喉部。

三首国

三首国在其东，其为人一身三首。

解说

三首国人都是一个身子上长着三个头。

此外，《海内西经》服常树上也有三头人，他正在伺察琅玕树的动静。

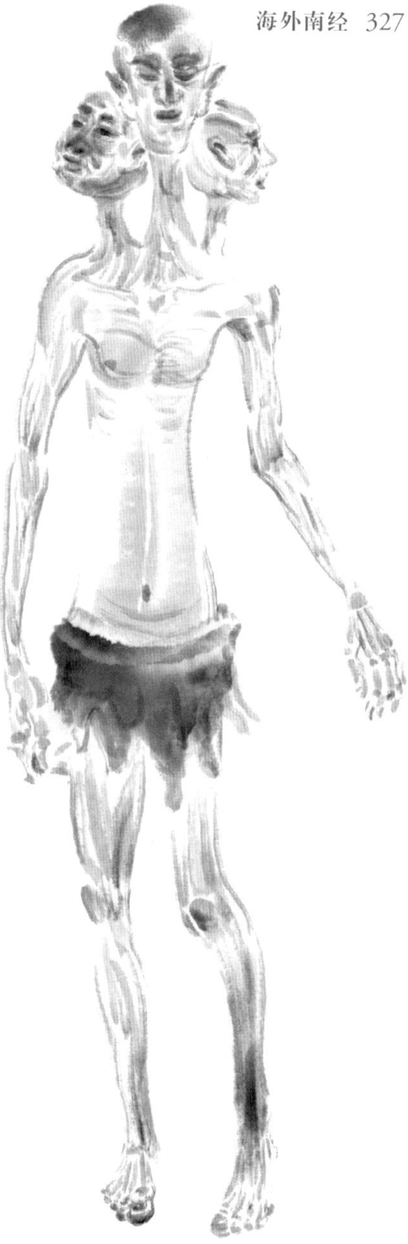

饶（yáo）

周饶国

周饶国在其东，其为人短小，冠带。一曰焦饶国在三首东。

解说

周饶国人身材矮小，他们戴帽子、系腰带，衣着都非常讲究。

袁珂认为『周饶』『焦饶』皆是『侏儒』的声转，都是小人之意。《山海经》多处载有此类小人，《大荒东经》有小人国，名靖人；《大荒南经》有小人，名菌人。

长臂国

长臂国在其东，捕鱼水中，两手各操一鱼。一曰在焦侥东，捕鱼海中。

解说

长臂国人手臂很长，善于捕鱼。『捕鱼水中，两手各操一鱼』描述的是图画上的景象，这侧面佐证了《山海经》先有图后有文字的猜想。此外，《大荒南经》也有长臂人的记载：『有人名曰张弘，在海上捕鱼，海中有张弘之国，食鱼，使四鸟。』张弘即长肱，也就是长臂人。

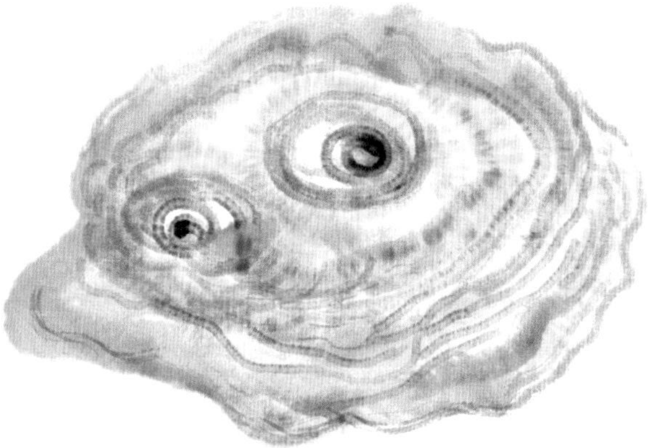

视肉

狄山，帝尧葬于阳，帝喾葬于阴。爰有……视肉。

注释

爰：代词。这里，那里。

解说

郭璞注《山海经》说：聚肉，形状像牛肝，有两只眼睛，它的肉被割去后又能长出新的来。笔者认为，聚肉或即视肉，故据此绘图。

祝融

南方祝融，兽身人面，乘两龙。

解说

祝融的神职是火神，他兽身人面，以两条龙为坐骑。

祝融又见于《大荒西经》《海内经》，但两处关于祝融出身的描述不同，《海内经》说他是炎帝后裔，《大荒西经》说他是黄帝后裔。

中国首辆火星车被命名为『祝融号』，『祝融』之名即来源于火神祝融。

卷七 海外西经

夏后启

大乐之野，夏后启于此儛九代，乘两龙，云盖三层。左手操翳，右手操环，佩玉璜。在大运山北。一曰大遗之野。

注释

儛：同『舞』。

翳：用羽毛做的像伞的华盖。

璜：指一种半璧形的玉器。

解说

夏后启即禹的儿子启，夏代的君主。传说启是其母亲涂山氏变成石头后开裂而生的，故取名启。

夏后启又见于《大荒西经》，名夏后开，这是汉代人为避汉景帝刘启名讳而改。

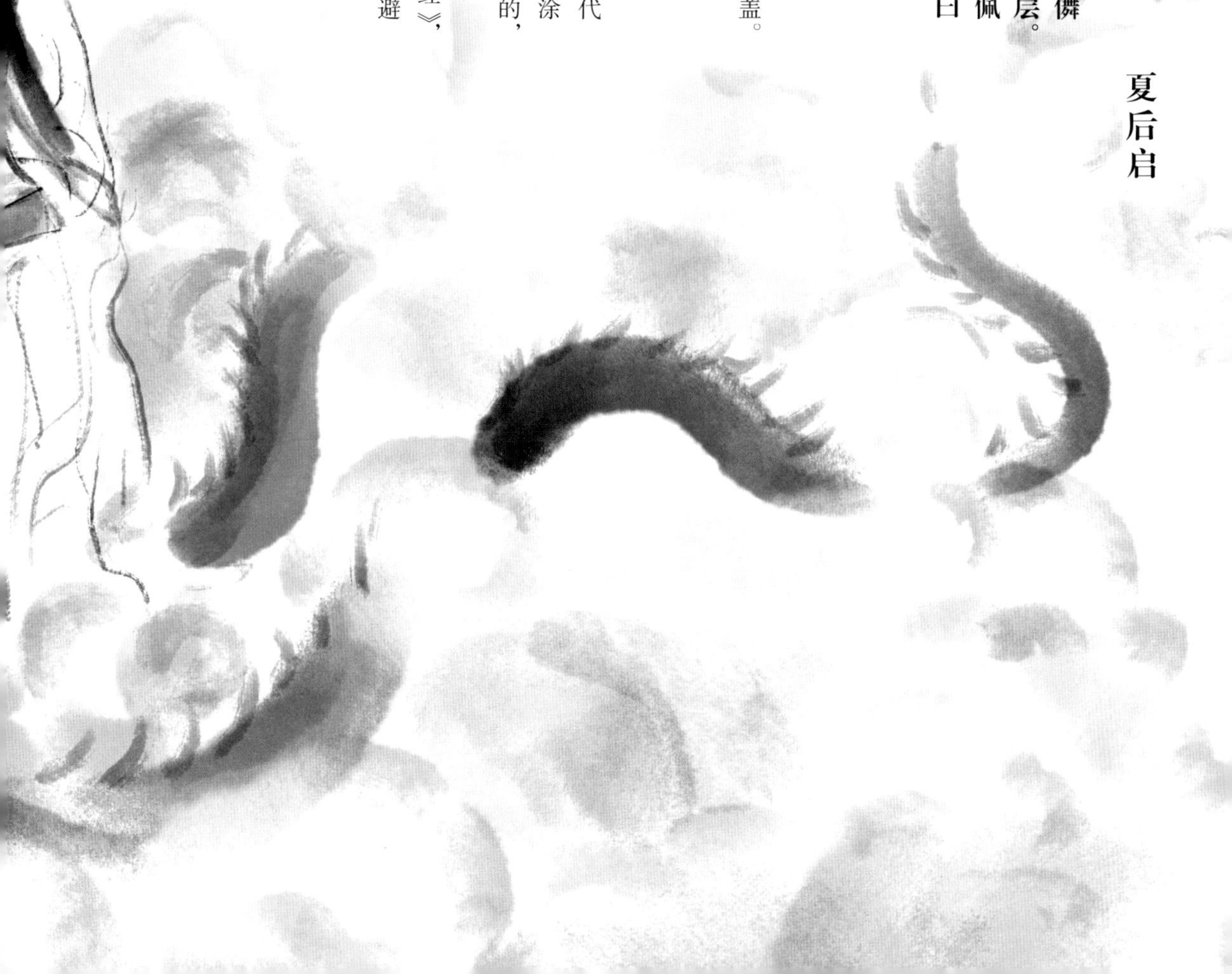

三身国

三身国在夏后启北，一首而三身。

解说

三身国人是帝俊的后裔，他们的特点是一首三身。此外，《大荒南经》也有三身国，他们『姚姓，黍食，使四鸟』。

一臂国、黄马

一臂国在其北，一臂一目一鼻孔。有黄马，虎文，一目而一手。

注释

手：文中指代马的前腿。

解说

一臂国人只有一条胳膊、一只眼睛和一个鼻孔。一臂国中有一种黄马，它身上有老虎的斑纹，只长着一只眼睛，前腿也只有一条。

奇肱国

奇肱之国在其北。其人一臂三目，有阴有阳，乘文马。有鸟焉，两头，赤黄色，在其旁。

注释

文马：即吉量马，它白身子、红鬃毛，眼睛像黄金，骑上它寿命可达千岁。

解说

奇肱国人长着一条胳膊、三只眼睛。眼睛分阴阳，阴在上，阳在下。他们骑着文马，身边还跟随着一种红黄相间的双头鸟。

据《博物志》记载：奇肱国人善机巧，能为工具，捕获百禽；能做飞车，从风远行。殷汤时，一阵西风将飞车连人一起吹到了豫州。汤王命人毁掉飞车，不让百姓看见。十年后，东风起，奇肱国人又做了一辆飞车，乘东风回家。

形天

形天与帝至此争神，帝断其首，葬之常羊之山。乃以乳为目，以脐为口，操干戚以舞。

注释

形：通『刑』，割、杀之意。

天：这里指人的头。

解说

形天即刑天，意思是砍断头。此神原本无名，在被断首之后才有了形天的名称。传说形天原是炎帝的属臣，炎黄之战中被黄帝砍掉了脑袋。失去头颅的形天没有死，他以双乳为目，以脐为口，一手持盾，一手舞斧，继续战斗。

女祭、女戚

女祭、女戚在其北，居两水间，戚操鱼觛，祭操俎。

注释

鱼觛：研究者认为『鱼觛』疑是『角觛』之讹。觛是一种圆形的小酒器，属于礼器。

俎：古代祭祀时盛供品的礼器。

解说

女祭、女戚居住在形天战斗之地的北面，正好处于两条水流的中间。女戚手里拿着兕角酒杯，女祭手里捧着俎器。

鶬鵹鸟

鵹鸟、鶬鸟，其色青黄，所经国亡。在女祭北。鵹鸟人面，居山上。一曰维鸟，青鸟、黄鸟所集。

解说

鵹鸟、鶬鸟都是人面鸟，颜色都是青中带黄，它们栖息在女祭、女戚居住地北面的山上。凡是它们经过的国家都会灭亡。另一种说法认为这两种鸟统称维鸟，是青鸟和黄鸟栖止在一起的混称。

郭璞在《山海经图赞》中将鵹鸟、鶬鸟合称为『鶬鵹鸟』。

丈夫国在维鸟北，其为人衣冠带剑。

解说

丈夫国全是男子，他们衣帽整齐，腰间佩剑。关于丈夫国，有这样一则传说：殷帝太戊派王孟（也有说是王英）到西王母处采药。王孟走到丈夫国地域时吃完了粮食，不能继续前行。于是就吃野果充饥，穿树皮做的衣服取暖。王孟终身无妻，从形体中生出两个儿子，儿子出生后他便死去了。据说他的儿子也用这种办法生出儿子，不断繁衍，便形成了丈夫国。

丈夫国

女丑尸

女丑之尸，生而十日炙杀之。在丈夫北。以右手鄣其面。十日居上，女丑居山之上。

注释

鄣：通『障』，阻碍、阻挡、遮掩。

解说

女丑尸指女丑的尸体。相传女丑是活生生被十个太阳的热气烤死的。她死在丈夫国的北面，死时用右手遮住了脸。十个太阳高高地挂在天上，女丑的尸体横卧在山顶上。女丑或即女巫。古代天旱时，会有女巫饰旱魃，人们暴晒焚烧之，以求雨。

巫咸国

巫咸国在女丑北，右手操青蛇，左手操赤蛇。在登葆山，群巫所从上下也。

解说

巫咸国人都是巫师，他们右手握着一条青蛇，左手握着一条红蛇。他们通过登葆山往来于天界与人间。

并封

并封在巫咸东，其状如彘，前后皆有首，黑。

解说

并封是生活在巫咸东的一种怪兽，它的形状像猪，身体前后都有头，全身黑色。

闻一多在《伏羲考》中说：并封、屏蓬本字当作『并逢』，『并』与『逢』都有『合』的意思，『并逢』乃兽类牝牡相合之意。

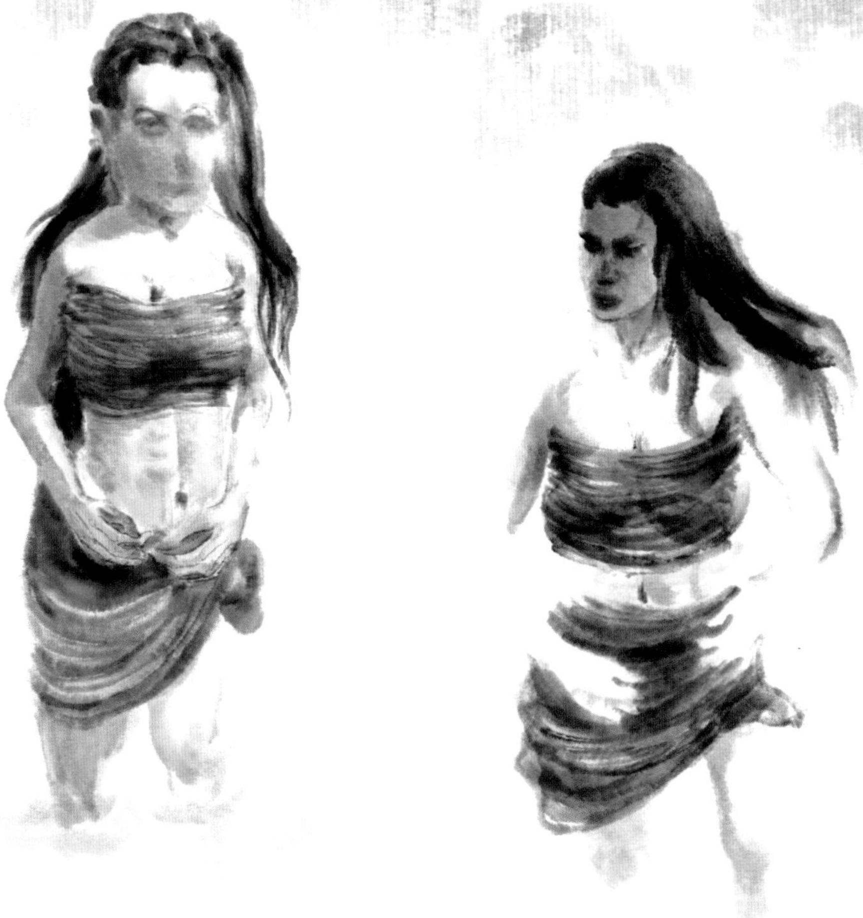

女子国

女子国在巫咸北，两女子居，水周之。一曰居一门中。

解说

女子国有两个女子居住，四周被水环绕着。还有一种说法认为，两女子居住在一道门内。

据说女子国有一黄池，女子在黄池中沐浴即可怀孕。如生男子，三岁便死，故女子国人都是女子。

轩辕国

轩辕之国在此穷山之际，其不寿者八百岁。在女子国北，人面蛇身，尾交首上。

解说

轩辕国在穷山附近，国人都是人面蛇身，尾巴盘绕在头顶上。他们都很长寿，其中寿命短的也能活到八百岁。

龙鱼

龙鱼陵居在其北，状如狸。一曰鰕。即有神圣乘此以行九野。

注释

陵居：居于高地。

狸：郝懿行认为『狸』当为『鲤』字之讹。

鰕：指体形较大的鲵鱼。

解说

龙鱼的形状像鲤鱼，它生活在沃野北边的高地上。还有一种说法认为：龙鱼像大鲵鱼，有神圣之人骑着它遨游在广袤的原野上。

白民国、乘黄

白民之国在龙鱼北，白身被发。有乘黄，其状如狐，其背上有角，乘之寿二千岁。

解说

白民国在龙鱼所居之地的北面。那里的人全身皆白，披头散发。国中有一种叫乘黄的野兽，形状像狐狸，脊背上长着角，人要是骑上它能活到两千岁。

肃慎国

肃慎之国在白民北。有树名曰雄常，先入伐帝，于此取之。

注释

伐：郝懿行认为『伐』疑『代』字之讹。

解说

肃慎国在白民国的北面，国中有一种叫雄常的树木。每当中原地区有圣明的天子出现，雄常树便长出一种树皮，平常不穿衣服的肃慎国人就取其皮来做衣服。

《大荒北经》中有记载：『大荒之中，有山名曰不咸。有肃慎氏之国。』肃慎氏之国即肃慎国。

长股国

长股之国在雄常北，被发。一曰长脚。

解说

长股国人都披散着头发。另一种说法认为长股国叫长脚国。

蓐收

西方蓐收，左耳有蛇，乘两龙。

解说

传说蓐收长着人的面孔、老虎的爪子、白色的毛发，他手执斧钺，乃是刑戮之神。《西次三经》中也有蓐收，他是司日入之神，名叫红光。因两处形象不同，故本书分别绘图。

另外，《吕氏春秋·孟秋纪》（高诱注）又称蓐收为金神。

卷八 海外北经

无䏿国

无䏿之国在长股东，为人无䏿。

解说

无䏿国人不生育子孙后代。传说无䏿国人不分男女，都住在洞穴中，平常靠吃泥土维持生命。他们死后心不会腐朽，一百二十年后又重新化成人形。

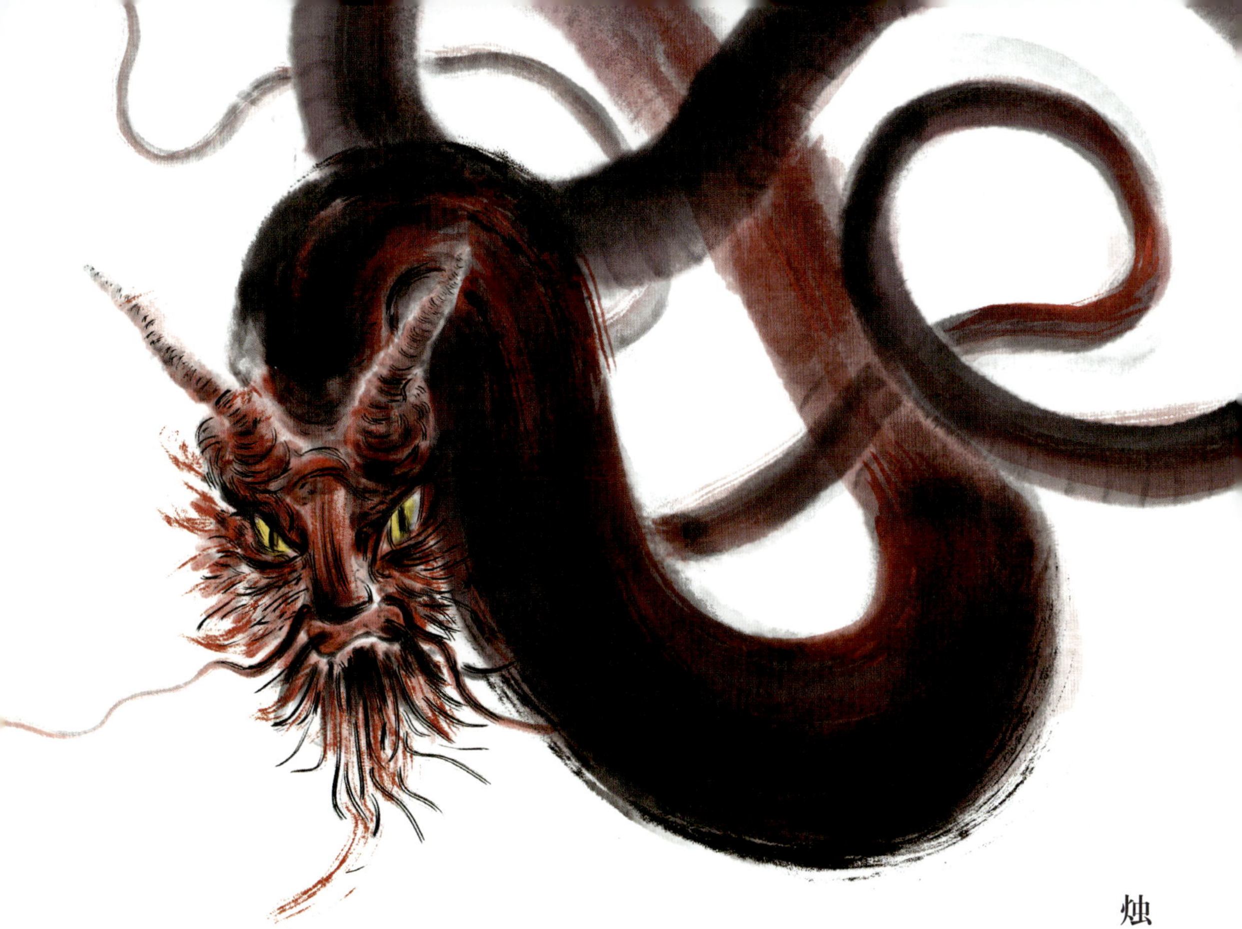

烛阴

钟山之神，名曰烛阴，视为昼，瞑为夜，吹为冬，呼为夏，不饮，不食，不息，息为风，身长千里。在无膂之东。其为物人面蛇身，赤色，居钟山下。

解说

烛阴是中国神话中的一位创世神，又是钟山的山神。他人面蛇身，全身赤红，身长千里。他睁开眼睛就是白昼，闭上眼睛就是黑夜；不吃，不喝，不呼吸，一呼吸就生成风，吹气是寒冬，呼气是炎夏。

一目国

一目国在其东，一目中其面而居。一曰有手足。

解说

一目国人只在脸正中长着一只眼睛。

《山海经》中多次出现一目人。《大荒北经》：『有人一目，当面中生，一曰是威姓，少昊之子，食黍。』《海内北经》：『鬼国在贰负之尸北，为物人面而一目。』

柔利国

柔利国在一目东，为人一手一足，反膝，曲足居上。一云留利之国，人足反折。

解说

柔利国人都只有一只手、一只脚，膝盖反长着，脚弯曲朝上。另一种说法是，柔利国又叫留利国，其国人的脚都反折着。

《大荒北经》记载：『有牛黎之国。有人无骨，儋耳之子。』袁珂认为牛黎、柔利音相近，或为同一国家。

乃以为众帝之台。在昆仑之北，柔利之东。相柳者，九首，人面蛇身而青，不敢北射，畏共工之台。台在其东，台四方，隅有一蛇，虎色，首冲南方。

注释

厥：通『掘』，挖掘。

解说

相柳是天神共工的臣子，他长着九个脑袋，分别在九座山上吃食物。只要他接触过的地方，都变成了沼泽溪谷。大禹杀死了相柳，相柳流出腥臭的血液，血液流过的地方无法种植五谷。大禹挖掘填塞这块土地，多次填满又多次塌陷，于是大禹用挖出来的泥土修造了众帝台。众帝台在昆仑山北、柔利国东，台是四方的，四角各有一条虎色的蛇，蛇头冲向南方。《大荒北经》记载：『共工臣名曰相繇，九首蛇身，自环，食于九土。』研究者认为『相繇』即『相柳』。

厥（jué） 仞（rèn）

深目国

深目国在共东，为人举一手一目。在共工台东。

解说

研究者认为『为人』下应加『深目』二字，这样才符合《山海经》体例。修改后，全句意思是：深目国人眼窝比较深，举着一只手。

另外，郝懿行认为『一目』当为『一曰』，与下文连读为『一曰在共工台东』。

此处文字描述的是图画中的内容。因为原图已失，图画与文字不能配合着读，所以有不甚了了之感。这种情况在『海经』中比比皆是。

相柳

共工之臣曰相柳氏，九首，以食于九山。相柳之所抵，厥为泽溪。禹杀相柳，其血腥，不可以树

聂耳国

聂耳之国在无肠国东，使两文虎，为人两手聂其耳。县居海水中，及水所出入奇物。两虎在其东。

解说

聂耳国处在大海中的孤岛上，那里可以看到出入海水的各种奇物。聂耳国人用手托着自己的耳朵，使唤着两只花斑虎。

夸父与日逐走，入日。渴欲得饮，饮于河渭；河渭不足，北饮大泽，未至，道渴而死。弃其杖，化为邓林。

解说

夸父追赶太阳，并渐渐追上了太阳。这时夸父很渴，就到黄河和渭河喝水。他喝干两条河的水还不解渴，又向北去喝大泽中的水，但还没走到大泽，他就渴死了。他死时抛掉的拐杖变成了桃林。此外，《大荒北经》成都载天山亦有夸父追日的故事。本经下文有夸父国，是巨人之国。

夸父

夸父国人身材高大，右手握青蛇，左手握黄蛇。另一种说法认为夸父国也叫博父国。

夸父国

博父国在聂耳东，其为人大，右手操青蛇，左手操黄蛇。邓林在其东，二树木。一曰博父。

注释

博父：袁珂认为『博父国』当作『夸父国』，承上文夸父

拘瘿国

拘缨之国在其东，一手把缨。一曰利缨之国。

注释

缨：郭璞认为『拘缨』中的『缨』字宜作『瘿』，指脖颈上生长的囊状赘生物。

解说

拘瘿国人常用一只手托着脖颈上的大肉瘤。另一种说法认为拘瘿国也叫利瘿国。袁珂认为，拘瘿国人脖颈上的大肉瘤有碍行动，故用手拘着，拘瘿国也由此得名。

瘿（yǐng） 跂（qǐ）

跂踵国

跂踵国在拘缨东，其为人大，两足亦大。一曰大踵。

注释

跂：踮起脚跟。

大踵：郝懿行认为『大踵』当为『反踵』。

解说

跂踵国人都身材高大，尤其两只脚特别大，其国人走路脚跟不着地。

欧丝之野

欧丝之野在大踵东，一女子跪据树欧丝。

注释

欧：『呕』的古字，呕吐。

解说

欧丝之野的人吃桑叶，能吐丝。图画中描绘的是一位女子正跪依在桑树上吐丝。我国养蚕的历史很悠久，而且养蚕取丝一般是妇女的工作。欧丝之野吐丝之女子的形象，当是人们将蚕的形态与辛勤劳作的女性形象结合起来了。

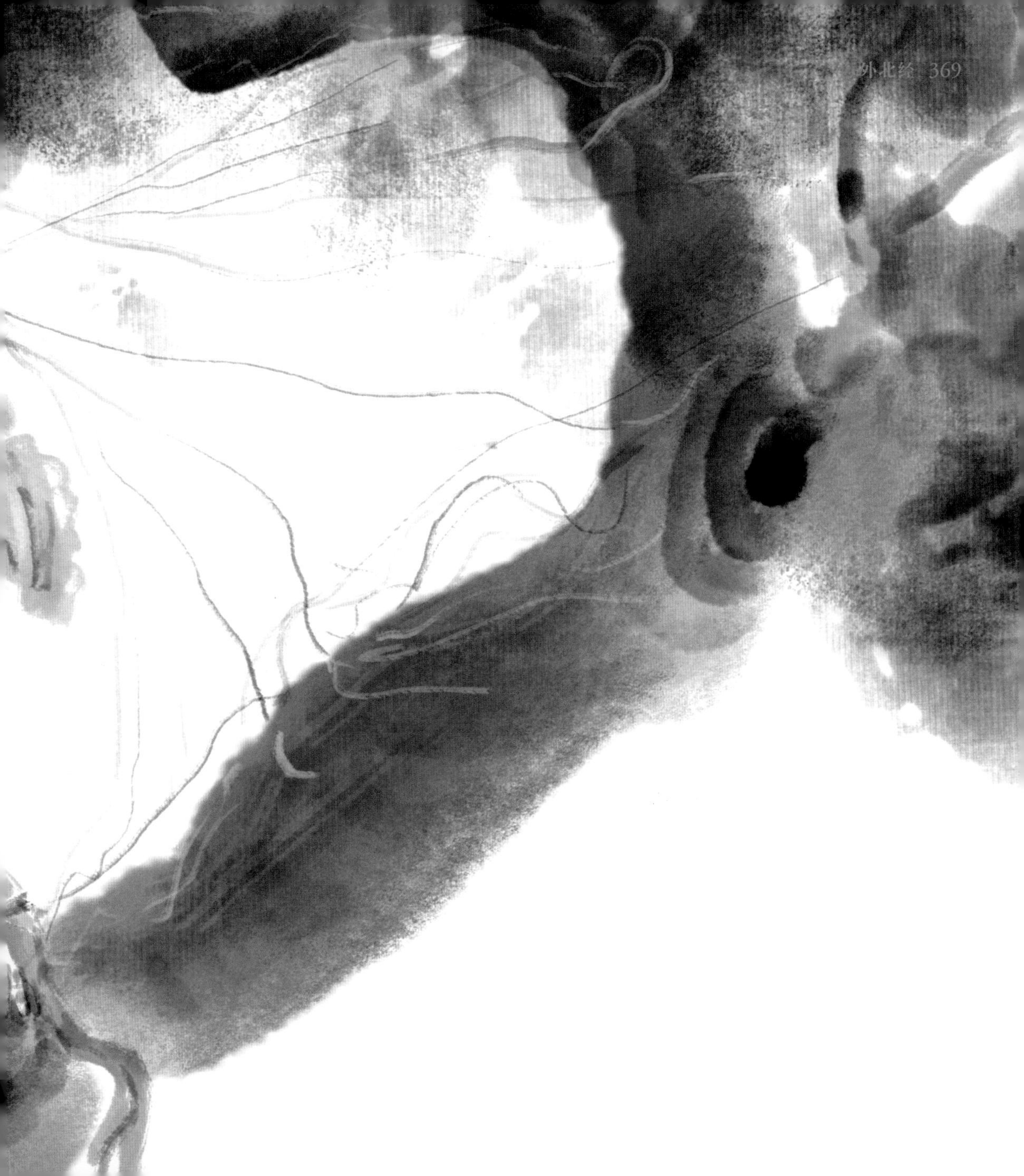

騊駼

北海内有兽，其状如马，名曰騊駼。

解说

騊駼是一种像马的野兽。据《史记》记载，騊駼乃匈奴奇畜。匈奴善骑射，騊駼极有可能是产自匈奴的良马。

有兽焉，其名曰驳，状如白马，锯牙，食虎豹。

解说

驳的外形像白马，它长着锯齿般的牙，以虎豹为食。《管子》中有一则故事：有一次，桓公骑马巡游，有只老虎看见他而躲藏起来。桓公回去后问管仲：『今天我骑马外出，虎看见都不敢出来，这是为什么呢？』管仲回答：『我猜您是骑着杂色毛的马在路上盘旋，并且迎着太阳奔跑的吧？』桓公说：『是这样的。』管仲回答说：『这种马形状很像驳，驳是吃虎豹的，所以虎就害怕了。』

驳

蛩蛩

有素兽焉，状如马，名曰蛩蛩。

解说

蛩蛩是一种白色的像马一样的怪兽。研究者普遍认为蛩蛩即蛩蛩距虚，这是一种善跑的野兽，一次便可行百里。关于蛩蛩距虚，《吕氏春秋·慎大览·不广》中有这样的记载：北方有一种野兽名叫蹶，这是一种前腿如鼠，后腿如兔的奇怪动物，长短不一的腿使它举步维艰。但它却经常利用自己的利齿采噬植草给一种叫蛩蛩距虚的动物。蛩蛩距虚没有利齿，却有强壮的四肢，危险来临时，蛩蛩距虚便把蹶负于背上，共同逃难。

有青兽焉，状如虎，名曰罗罗。

解说

罗罗是一种外形像老虎的青色野兽。

此外，《西山经》莱山有一种食人鸟也叫罗罗，与此处罗罗同名不同类。

罗罗

彊（qiáng）

禺彊

北方禺彊，人面鸟身，珥两青蛇，践两青蛇。

解说

禺彊是人面鸟身神，他耳朵上挂着两条青蛇，脚下踩着两条青蛇。

《大荒东经》记载：『黄帝生禺虢，禺虢生禺京。禺京处北海，禺虢处东海，是惟海神。』《大荒北经》记载：『北海之渚中，有神，人面鸟身，珥两青蛇，践两赤蛇，名曰禺彊。』综合可知，禺彊即禺京，乃是北海海神。

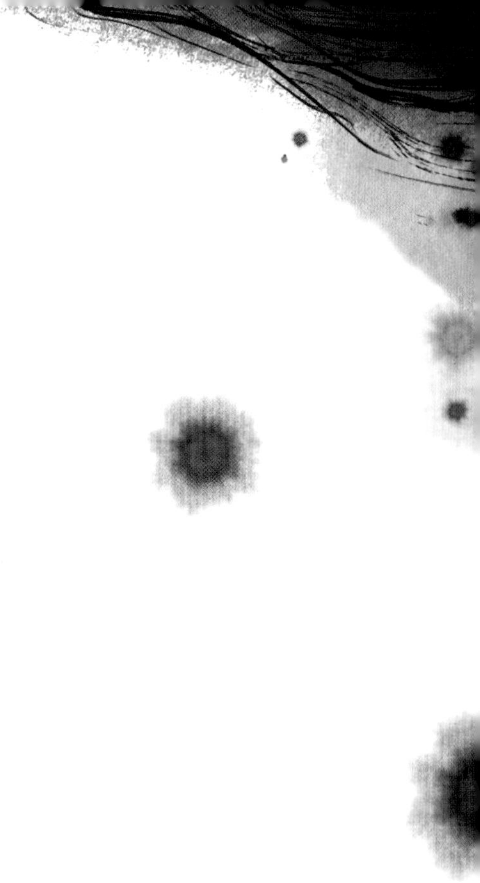

卷九

海外东经

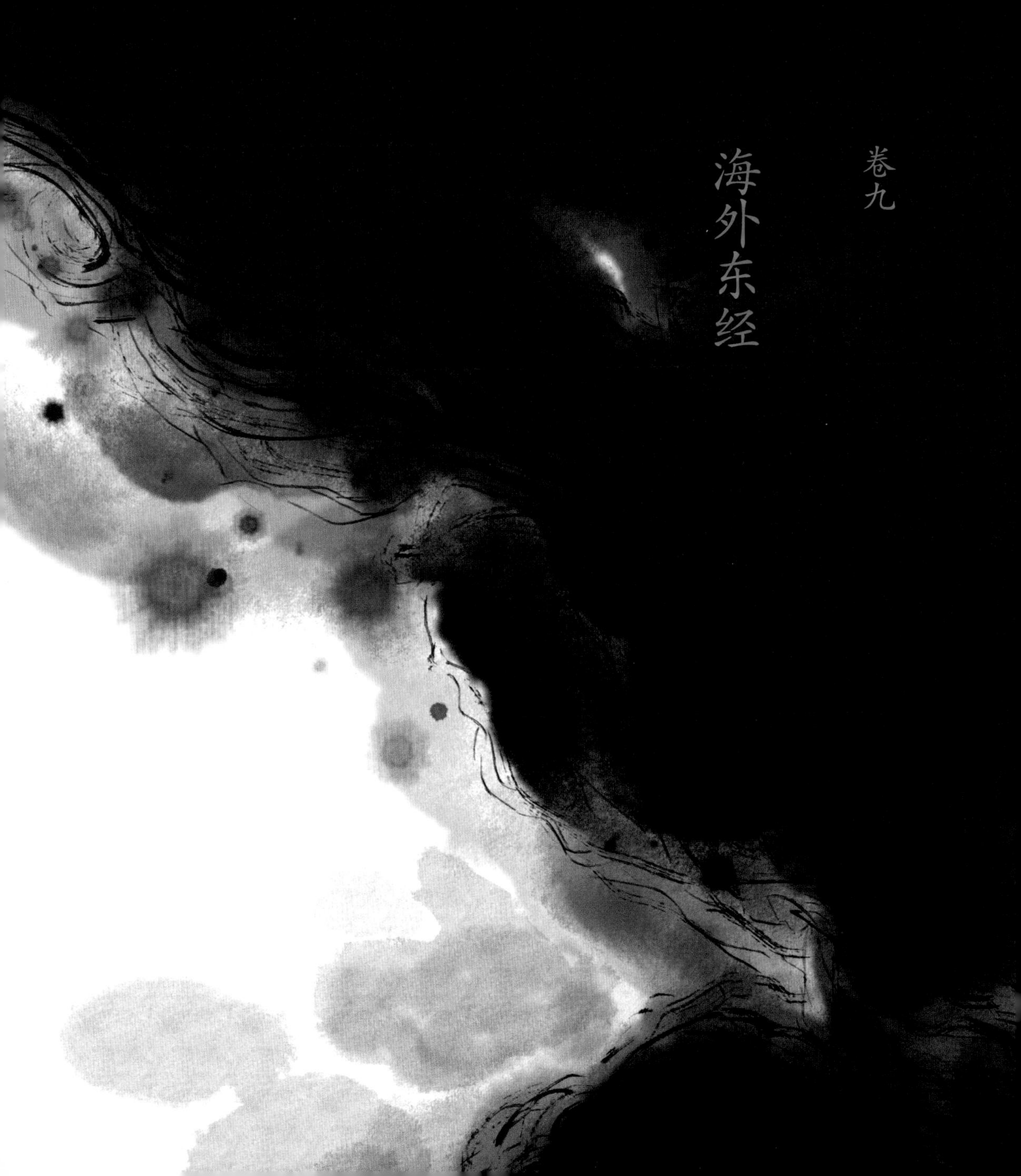

大人国

大人国在其北，为人大，坐而削船。一曰在𡾑丘北。

解说

大人国的人身材高大，擅长破木造船。

大人国又见于《大荒东经》，『有波谷山者，有大人之国，有大人之市，名曰大人之堂，有一大人踆其上，张其两耳。』又见于《大荒北经》，『有人名曰大人，有大人之国，釐姓，黍食。』

郝懿行认为，『削当读若稍』，削船是撑船的意思，可备一说。

奢比之尸在其北，兽身人面，大耳，珥两青蛇。一曰肝榆之尸在大人北。

奢比尸

解说

奢比尸人面兽身，耳朵很大，耳朵上还挂着两条青蛇。奢比尸又见于《大荒东经》，『有神，人面、犬耳、兽身，珥两青蛇，名曰奢比尸。』

君子国

君子国在其北，衣冠带剑，食兽，使二大虎在旁，其人好让不争。有薰华草，朝生夕死。一曰在肝榆之尸北。

解说

君子国人衣帽穿戴整齐，腰间佩带宝剑，为人喜欢谦让而不争斗。他们以野兽为食，并驱使两只花斑虎。国中有一种薰华草，早上盛开，晚上凋谢。

天吴

朝阳之谷，神曰天吴，是为水伯。在𧈢𧈢北两水间。其为兽也，八首人面，八足八尾，皆青黄。

解说

水神天吴长着八个脑袋，有八张脸、八条腿、八条尾巴。他的腿和尾巴都是青黄色的。杜甫《北征诗》有『天吴及紫凤，颠倒在裋褐』句，这说明古人已经把天吴形象作为纹饰来使用了。

啖（dàn）

黑齿国

黑齿国在其北，为人黑，食稻啖蛇，一赤一青，在其旁。一曰在竖亥北，为人黑首，食稻使蛇，其一蛇赤。

注释

为人黑：郝懿行认为『黑』下脱『齿』字。

为人黑首：郝懿行认为『首』是『齿』字之讹

解说

黑齿国的人牙齿漆黑，他们吃稻米和蛇，身旁围绕着一条红蛇和一条青蛇。另一种说法是，黑齿国在竖亥所在地的北面，那里的人吃稻米、驱役蛇，其中一条蛇是红色的。漆齿是百越族群的共有民俗，今我国南方的壮、布依、侗、傣、仡佬、毛南等民族中都存在该民俗。

雨师妾

雨师妾在其北，其为人黑，两手各操一蛇，左耳有青蛇，右耳有赤蛇。一曰在十日北，为人黑身人面，各操一龟。

解说

雨师妾人全身黑色，左边耳朵上挂着青蛇，右边耳朵上挂着红蛇，两只手各握着一条蛇。另一种说法是，雨师妾在十个太阳处所的北面，那里的人身体是黑色的，两只手各握着一只龟。

玄股国

玄股之国在其北，其为人衣鱼食驱，使两鸟夹之。一曰在雨师妾北。

注释

驱：杨慎认为『驱即鸥』。

解说

玄股国人穿着鱼皮做的衣服，以鸥鸟为食，两只鸟在他们身边盘旋。

毛民国

毛民之国在其北，为人身生毛。一曰在玄股北。

解说

毛民国人全身都长满了毛。毛民国又见于《大荒北经》，『有毛民之国，依姓，食黍，使四鸟。』

劳民国

劳民国在其北，其为人黑。或曰教民。一曰在毛民北，为人面目手足尽黑。

解说

劳民国也称教民国，那里的人全身都是黑色的。另一种说法认为，劳民国在毛民国的北面，那里人的脸、眼睛、四肢全是黑色的。

句（gōu）

句芒

东方句芒，鸟身人面，乘两龙。

解说

句芒是东方木神，也是春神，他掌管着树木发芽生长，并使太阳从扶桑升起。

我国首颗陆地生态系统碳监测卫星『句芒号』，就是用木神句芒的名字命名的。

卷十

海内南经

枭阳国

枭阳国在北朐之西。其为人人面长唇，黑身有毛，反踵，见人笑亦笑；左手操管。

解说

枭阳国人长着人脸，嘴唇特别长，黑色的身体上长满了长毛。他们脚跟在前，脚尖在后，一看见人笑也张口大笑；左手握着一根竹管。《海内经》记载：『南方有赣巨人，人面长臂，黑身有毛，反踵，见人笑亦笑，唇蔽其面，因即逃也。』赣巨人就是枭阳国人。

窫窳

窫窳，龙首，居弱水中，在狌狌知人名之西。其状如龙首，食人。

注释

其状如龙首：据《吴都赋》刘逵注引此经，『其状如』下当有『貙』字。

解说

窫窳的外形像貙，长着龙头，会吃人。郭璞说，窫窳本来是蛇身人面神，后被贰负臣所杀，复活后化为此怪物。窫窳又见于《北山经》《海内西经》。

氐人国

氐人国在建木西。其为人，人面而鱼身，无足。

解说

《大荒西经》记载：『有互人之国。炎帝之孙，名曰灵恝，灵恝生互人，是能上下于天。』郝懿行认为『互人』即『氐人』。据此可知，氐人是炎帝的后裔，他们的特点是人面鱼身，没有脚，有上天下地的神通。

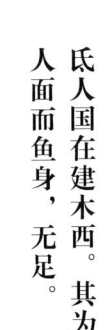

巴蛇

巴蛇食象，三岁而出其骨，君子服之，无心腹之疾。其为蛇青、黄、赤、黑，一曰黑蛇青首，在犀牛西。

解说

巴蛇是一种大蟒蛇，能吞下整头大象，吞吃后三年才吐出大象的骨头。有才德的人吃了它，就不会得心痛和腹痛的病。这种蛇的颜色是青黄赤黑交织在一起的。

据郭璞注，南方有一种蚺蛇，能吞食一整只鹿，消化掉鹿肉后，它会自绞于树，让鹿骨钻透鳞甲出来。郭璞认为蚺蛇即巴蛇一类的蛇。

旄马

旄马，其状如马，四节有毛。在巴蛇西北，高山南。

注释

旄：通『髦』，这里指动物头颈上的长毛。

解说

旄马即髦马，是一种四条腿上都长着长毛的马。除旄马外，《北山经》潘侯之山有旄牛，『其状如牛，而四节生毛』。

旄（máo）

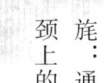

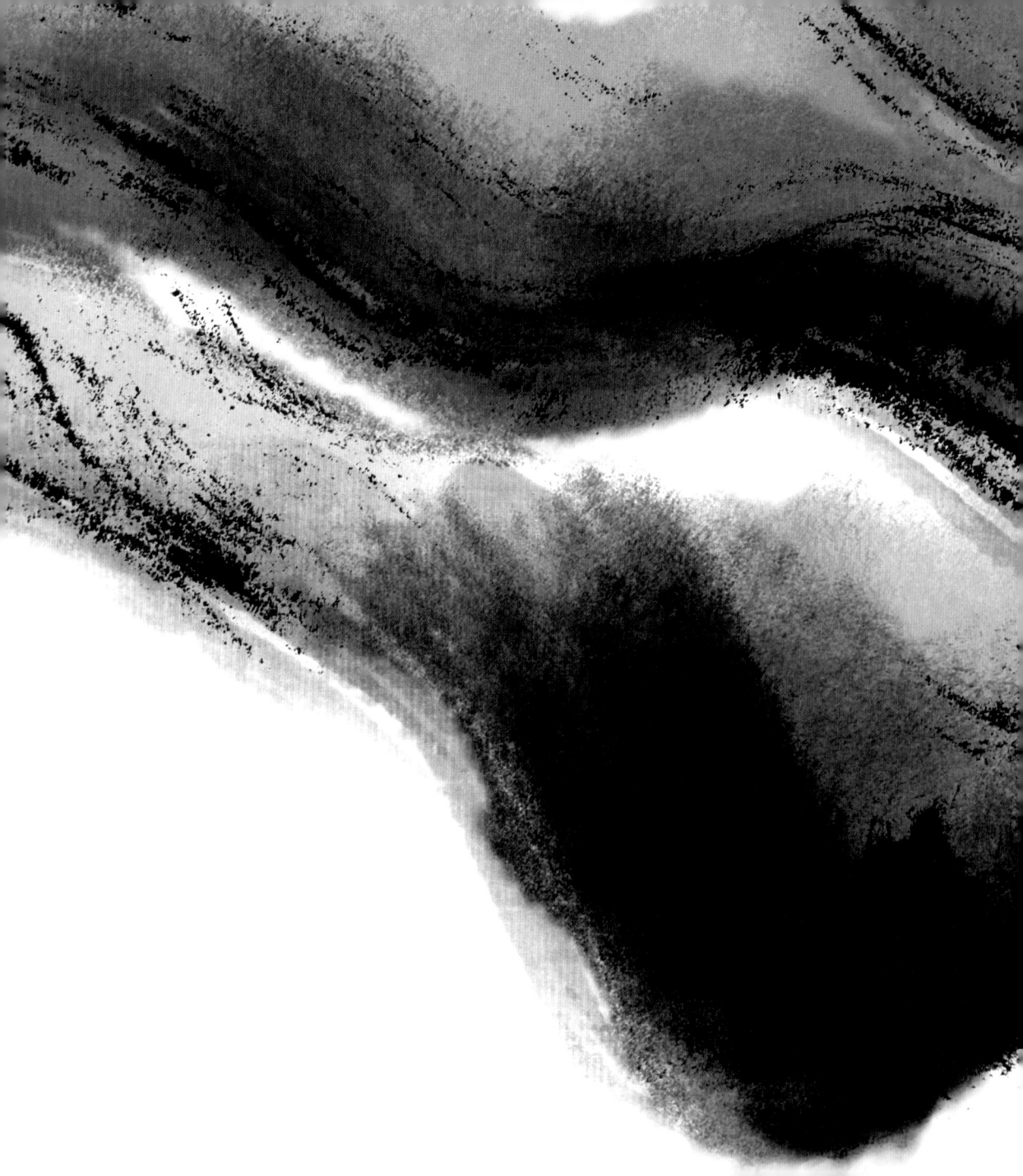

卷十一

海内西经

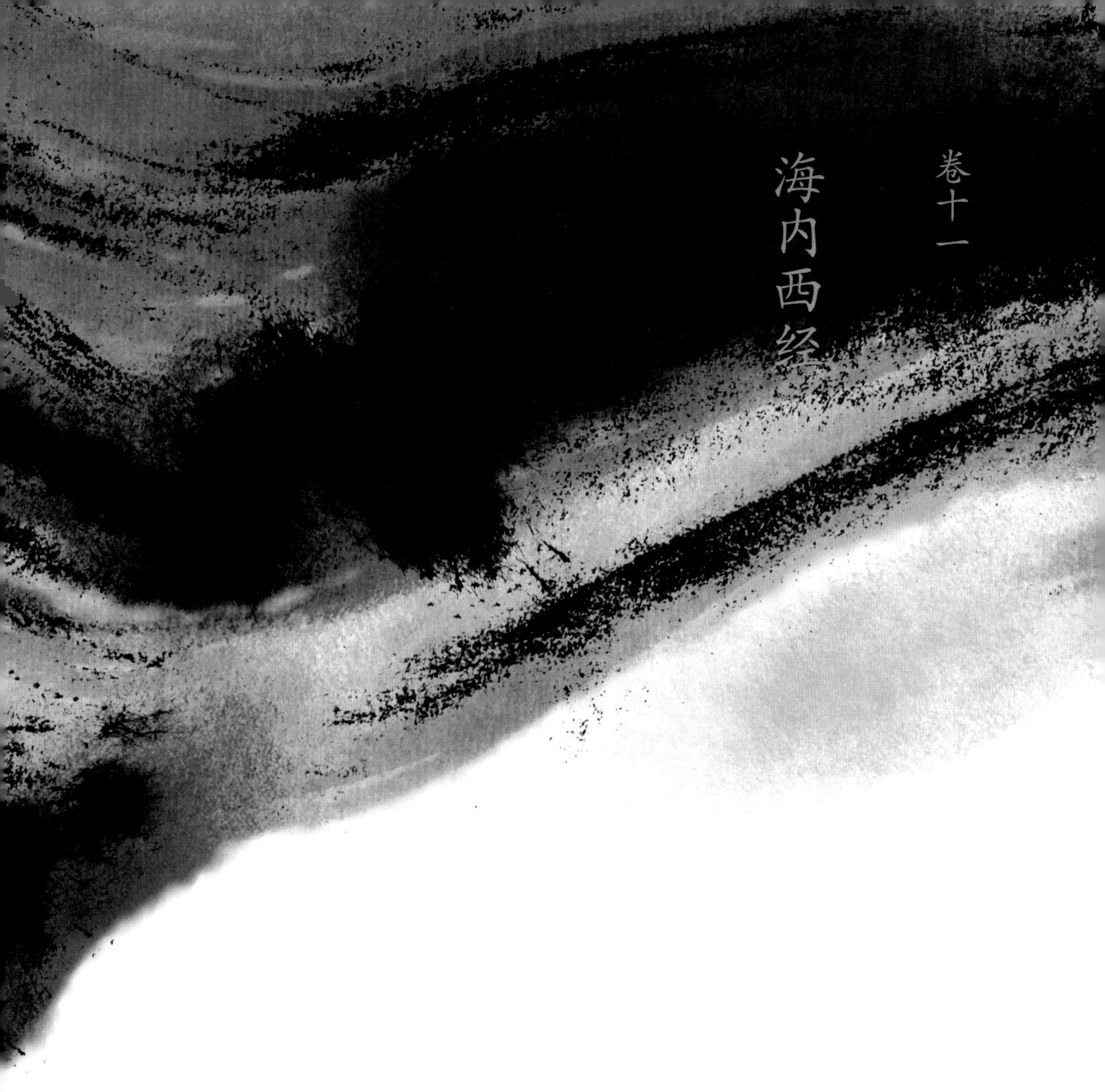

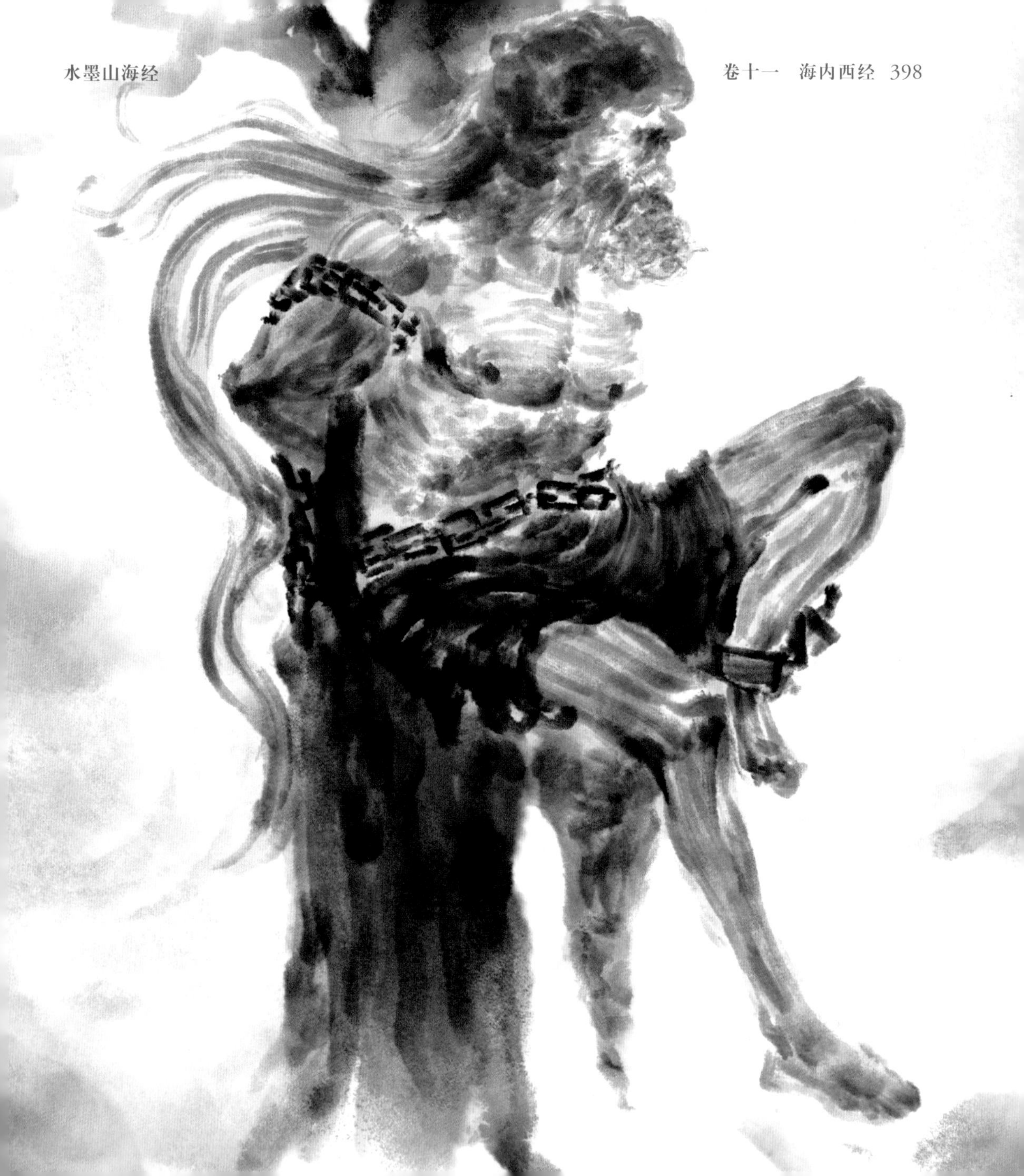

贰负臣危

贰负之臣曰危，危与贰负杀窫窳。帝乃梏之疏属之山，桎其右足，反缚两手与发，系之山上木。在开题西北。

注释

贰负：一位人面蛇身的天神。

解说

危是贰负神的臣子，他与贰负神一起杀死了窫窳，因此被天帝拘禁在开题国西北面的疏属山中。他右脚戴着刑具，双手反缚与头发绑在一起，拴在山上的大树下。

关于贰负臣危，汉刘秀（歆）在《上〈山海经〉表》中讲过一个故事：『孝宣帝时，击磻石于上郡，陷得石室，中有反缚盗械人，时臣秀父向为谏议大夫，言此贰负之臣也。诏问何以知之，亦以《山海经》对。其文曰：「贰负杀窫窳，帝乃梏之疏属之山，桎其右足，反缚两手」。上大惊，朝士由是多奇《山海经》者。』

开明兽

昆仑南渊，深三百仞。开明兽，身大类虎而九首，皆人面，东向立昆仑上。

解说

开明兽外形非常像老虎，长着九个脑袋，每个脑袋上都长着人的面孔。

袁珂认为，开明兽即《西次三经》中的陆吾，是昆仑山的山神。陆吾为虎身九尾人面，此处的开明兽则是虎身九首人面，两者有别，是神话传说之变异。

凤皇

开明西有凤皇、鸾鸟，皆戴蛇践蛇，膺有赤蛇。

解说

凤皇栖息在开明神兽的西面，它头上戴着蛇，脚下踩着蛇，胸前还挂着红色的蛇。

窫窳

开明东有巫彭、巫抵、巫阳、巫履、巫凡、巫相，夹窫窳之尸，皆操不死之药以距之。窫窳者，蛇身人面，贰负臣所杀也。

解说

窫窳是人面蛇身的天神，他被贰负和危所杀，死后被抬到开明兽东面的昆仑山上。巫师神医巫彭、巫抵、巫阳、巫履、巫凡、巫相将他的尸体围住，并手捧不死之药抵抗死气，让他复活。但窫窳复活后掉入昆仑山下的弱水中，变成了长着龙头的吃人恶兽，即《海内南经》中的窫窳。

窫（yà）窳（yǔ）琅（láng）玕（gān）

三头人

服常树，其上有三头人，伺琅玕树。

注释

琅玕树：传说中能结出珠玉果实的树。

解说

三头人是一位叫离朱的天神，他长着三颗脑袋，三颗脑袋轮流守护着琅玕树。

六首蛟

开明南有树鸟、六首蛟、蝮、蛇、蜼、豹……

注释

蛟：古代传说中的动物，外形像蛇，但有四只脚，属于龙一类。

解说

六首蛟外形像蛇，长着四只脚，六个脑袋。

历代注家对此句断句多有不同。郝懿行断句为：『开明南有树，鸟六首、蛟……』袁珂断句为：『开明南有树鸟，六首；蛟……』本书依据古本图画中『六首蛟』形象，将其断句为『开明南有树鸟、六首蛟、蝮……』并绘制出六首蛟形象。

卷十二

海内北经

西王母

西王母梯几而戴胜杖。其南有三青鸟，为西王母取食。在昆仑虚北。

注释

梯：倚靠、凭倚。

胜杖：研究者认为『杖』是衍文。『胜』是古代妇女的一种首饰。

解说

西王母居住在昆仑虚的北面，她头戴玉胜，倚靠在案几旁，南边有三青鸟正在为她取食。《山海经》中多次出现西王母：《大荒西经》的西王母『戴胜，虎齿，有豹尾，穴处』，为穴居蛮人之状；《西次三经》的西王母『状如人，豹尾虎齿而善啸，蓬发戴胜』，增加了狞猛之气；本经的西王母『梯几而戴胜』，俨然有王者之风。

柸（bēi）

犬戎国

犬封国曰犬戎国，状如犬。有一女子，方跪进柸食。

解说

袁珂认为，犬戎国因犬立功受封而得国，故又称犬封国。犬戎、犬戎国又见于《大荒北经》。

吉量

犬封国……有文马，缟身朱鬣，目若黄金，名曰吉量，乘之寿千岁。

解说

吉量是一种祥瑞神马，它身体是纯白色的，脖子上有红色鬣毛，两眼放射着金色光芒。人乘上吉量神马能长寿千岁。

鬼国

鬼国在贰负之尸北，为物人面而一目。

解说

鬼国人长着人的面孔，脸正当中有一只眼睛。研究者认为鬼国即《海外北经》中的一目国。

贰负神

一曰贰负神在其东，为物人面蛇身。

解说

贰负是一位人面蛇身的天神，他曾和一个叫危的臣子把天神窫窳杀死。

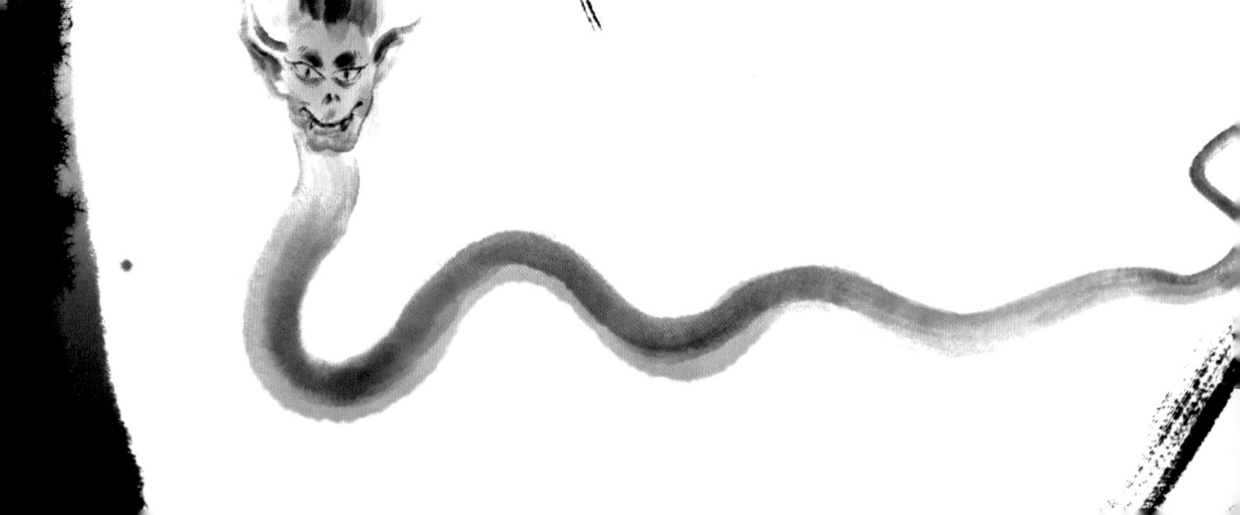

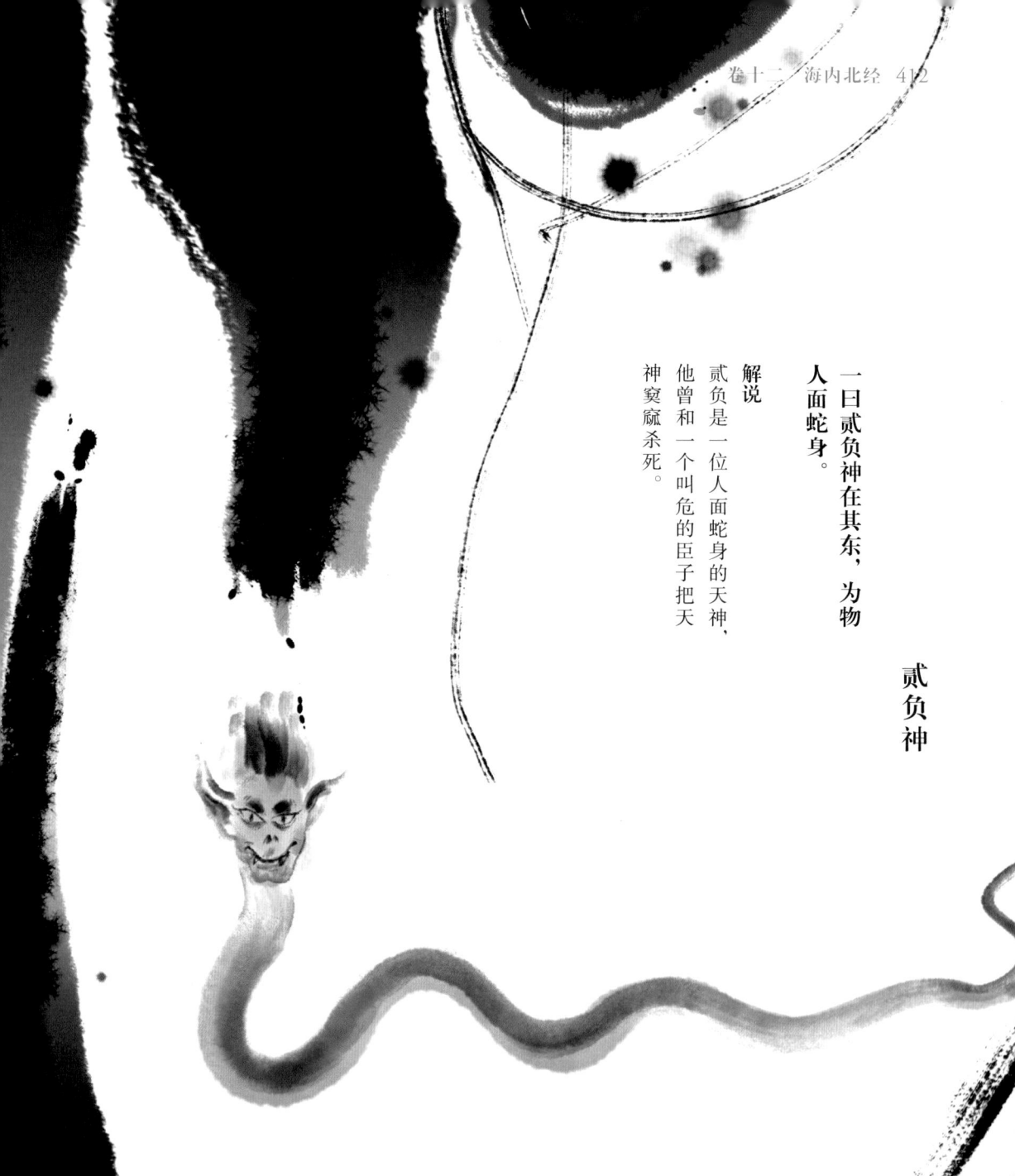

蜪犬

蜪犬如犬，青，食人从首始。

解说

蜪犬长得像狗，全身呈青色。它是一种会吃人的凶兽，吃人时从人头开始吃起。

穷奇

穷奇，状如虎，有翼，食人从首始，所食被发。在蜪犬北。一曰从足。

解说

穷奇长得像老虎，身有两翼。它是一种食人兽，吃人时从人头开始吃，被吃的人都是披头散发的。据说，穷奇经常飞到打斗的现场，将有理的一方吃掉。如果知道有人忠信，就将他的鼻子咬掉。如果有人犯下恶行，穷奇会捕捉野兽送给他，并且鼓励他多做坏事。古人把那种好行恶、远君子、近小人的人称为穷奇。

蟜，其为人虎文，胫有䏿。在穷奇东。一曰状如人，昆仑虚北所有。

蟜

注释

䏿：小腿肚。

解说

蟜的外形像人，但身上布满老虎一样的斑纹，小腿肚子非常强健。

阘非

阘非，人面而兽身，青色。

解说

阘非是一种人面兽身的怪兽，全身呈青色。

据比尸

据比之尸，其为人折颈被发，无一手。

解说

据比尸的头发披散着，脖子是折断的，仅有一只手。

环狗

环狗，其为人兽首人身。一曰猬状如狗，黄色。

解说

环狗的外形像人，但长着野兽的脑袋。还有一种说法认为，环狗是刺猬的样子，又有些像狗，全身黄色。研究者认为，环狗、犬戎、狗封应该是把狗奉为图腾的族群或部落名称。

袜（mèi）

袜

袜，其为物人身、黑首、从目。

注释

袜：鬼魅，古人认为物老则成魅。

从：通『纵』。

解说

袜即鬼魅，其外形像人，脑袋是黑色的，眼睛竖着生长。

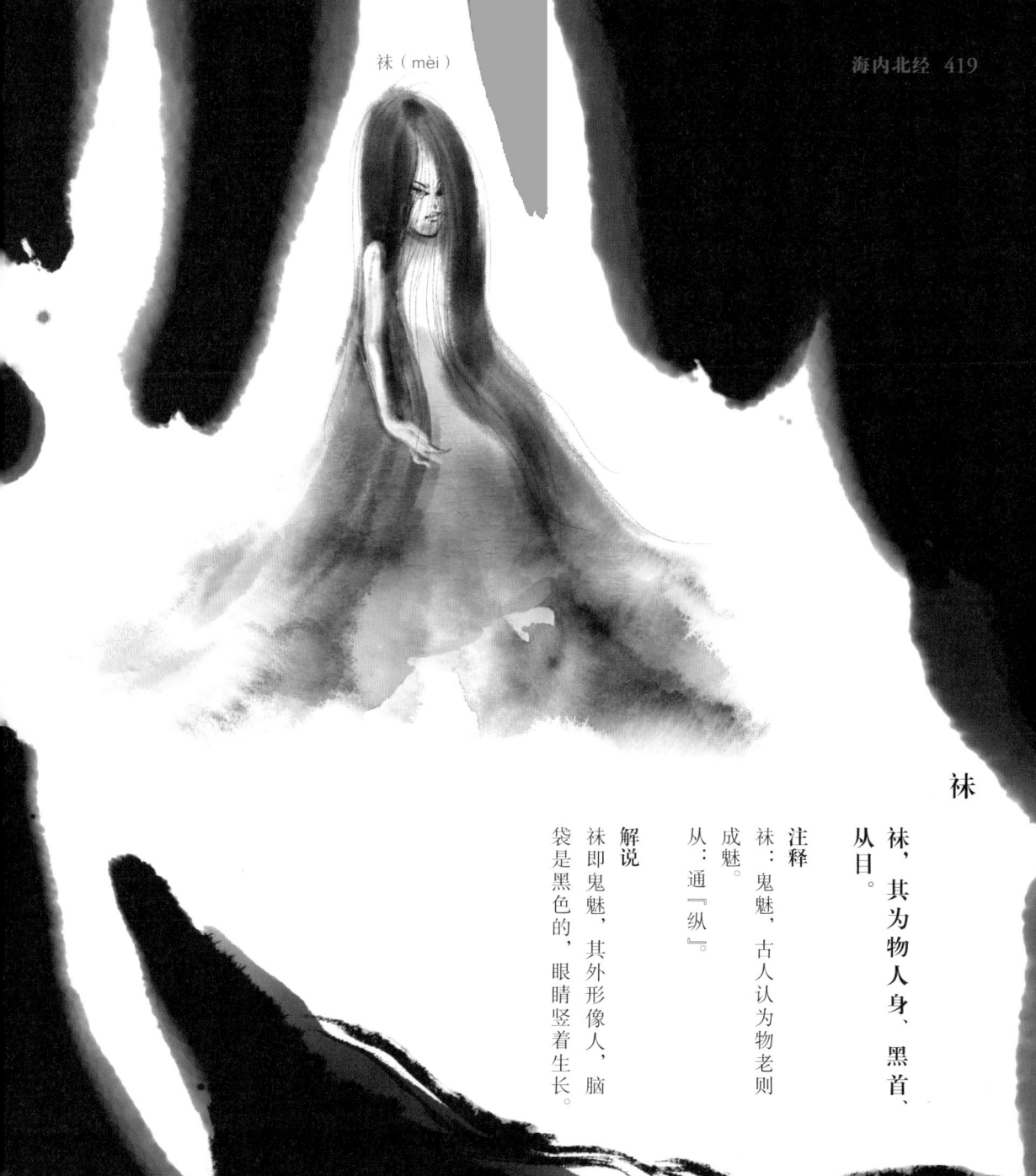

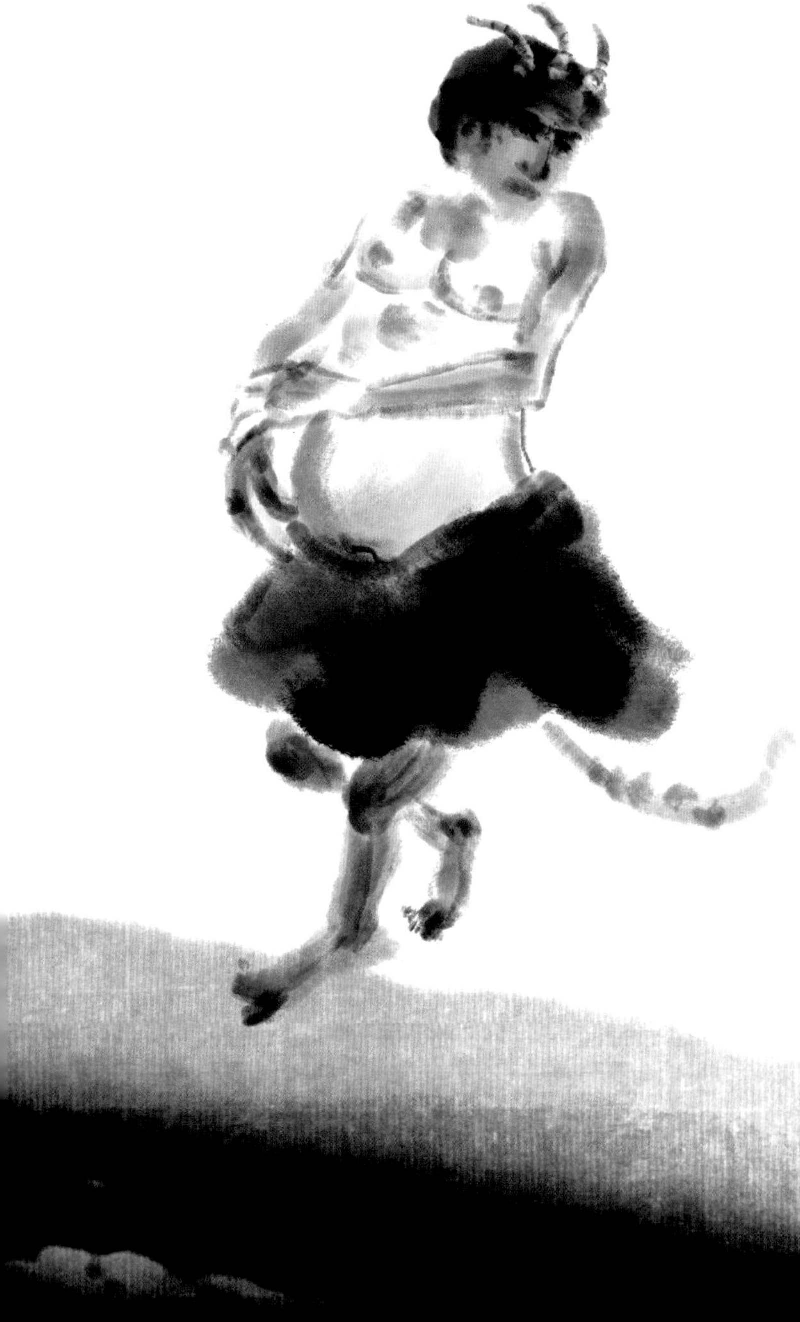

戎

戎，其为人人首三角。

解说

戎长着人头，头上有三只角。古代典籍中，戎泛指我国西部的少数民族。

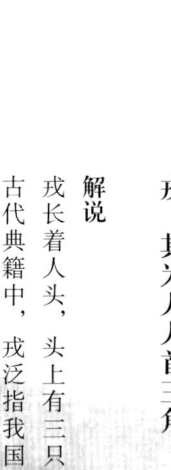

驺吾

林氏国有珍兽，大若虎，五采毕具，尾长于身，名曰驺吾，乘之日行千里。

解说

驺吾又叫驺虞，是一种瑞兽，象征着仁义。它大小和老虎差不多，身上有五种颜色的斑纹，尾巴比身体还长。人骑上它可以日行千里。

关于驺吾有一个故事：纣王囚禁了周文王，文王臣闳夭求得驺吾，献于纣王，纣王大喜，便释放了文王。

驺（zōu）

冰夷

从极之渊，深三百仞，维冰夷恒都焉。冰夷人面，乘两龙。一曰忠极之渊。

注释

维：通『惟』『唯』。

解说

郭璞认为冰夷即冯夷、无夷，也就是水神河伯。

宵明、烛光

舜妻登比氏，生宵明、烛光，处河大泽，二女之灵能照此所方百里。一曰登北氏。

解说

帝舜的妻子登比氏生了宵明、烛光两个女儿，她们住在黄河边上的大泽中，两位神女的灵光能照亮方圆百里的地方。另一种说法认为帝舜的妻子是登北氏。

大蟹

列姑射，在海河州中。射姑国在海中，属列姑射。西南，山环之。大蟹，在海中。

注释

州：水中高出水面的陆地。

解说

大蟹，传说中一种方圆千里大小的蟹。

陵鱼

陵鱼人面、手、足，鱼身，在海中。

解说

陵鱼即人鱼、鲵鱼，俗称娃娃鱼。它长着人面、人手、人足、鱼身，生活在列姑射山一带的海中。

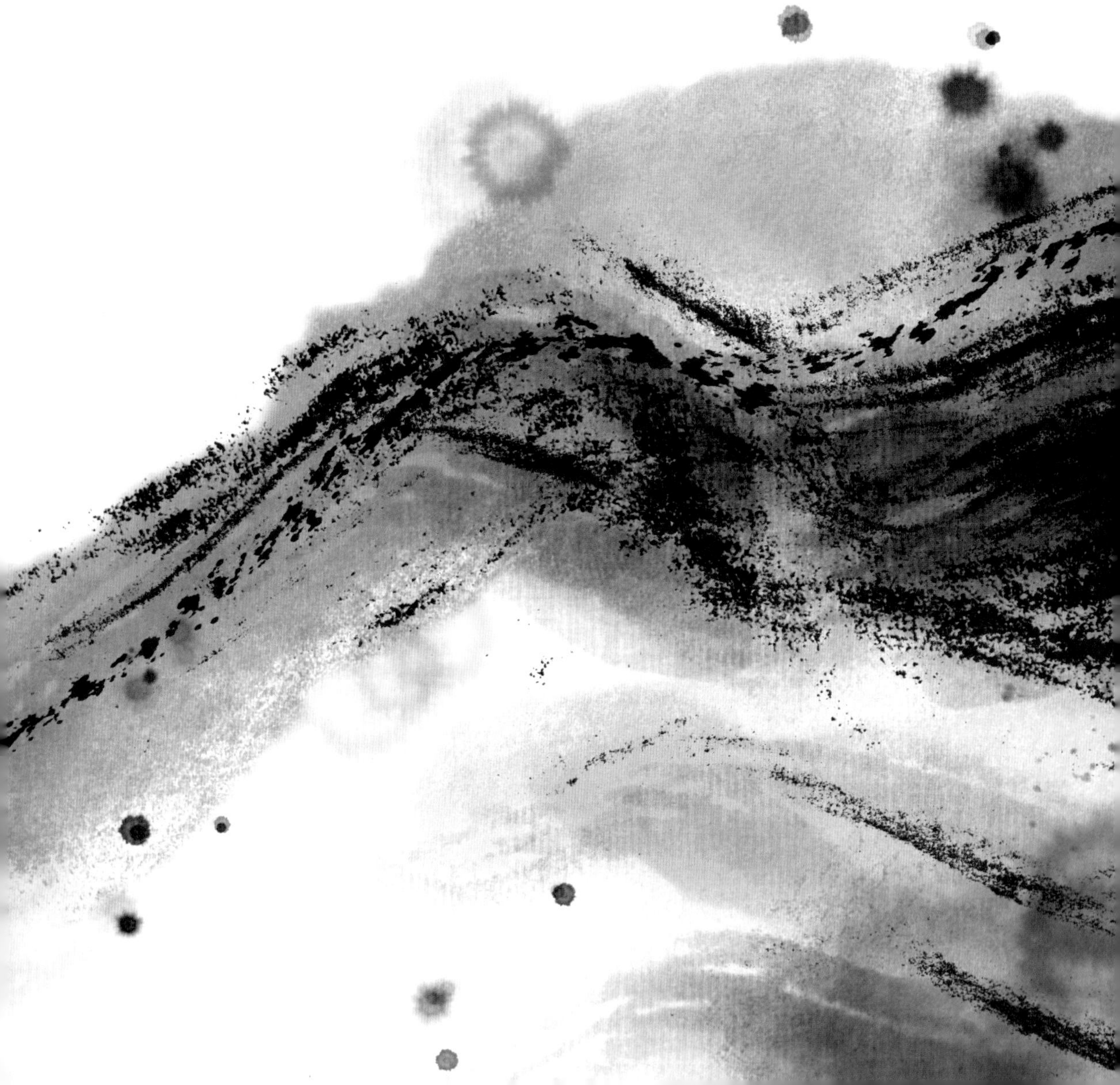

卷十三 海内东经

雷神

雷泽中有雷神，龙身而人头，鼓其腹。在吴西。

解说

雷神长着龙的身体和人的脑袋，是主管打雷的神。相传雷神生于古雷泽，他鼓动肚子就会响起雷声。

《大荒东经》流波山有兽名夔，黄帝『以其皮为鼓，橛以雷兽之骨，声闻五百里，以威天下』。郭璞认为这里的『雷兽』即雷神。

卷十

小人国

东海之外，大荒之中有山，名曰大言，……有小人国，名靖人。

解说

小人国人也叫靖人。据说他们的身高只有九寸。《列子·汤问》记载：东北极有小人，名『净人』，身高只有九寸。靖人、净人、焦侥、周饶、侏儒等发音相近，或属同一种人。

犁魗尸

东海之外，大荒之中有山，名曰大言，……有神，人面兽身，名曰犁魗之尸。

解说

犁魗尸是天神犁魗被杀后灵魂不散而变成的，他是人面兽身神。

《山海经》中此类天神被杀后灵魂不散，变成天神之尸的有多位，如《海外东经》的奢比尸、《海外西经》女丑尸、《海外北经》的据比尸等。

天吴

有神人，八首人面，虎身十尾，名曰天吴。

解说

天吴有八个脑袋，每个脑袋上都长着人脸。他的身体像老虎，身后长着十条尾巴。此外，《海外东经》有水伯天吴，与此处略有不同。

折丹

大荒之中有山，名曰鞠陵于天、东极、离瞀，日月所出，名曰折丹。东方曰折，来风曰俊，处东极以出入风。

注释

名曰折丹：郝懿行认为『名曰折丹』前疑脱『有神』二字。

解说

折丹是四方神中的东方之神，他在东极掌管着俊风的出入，所以又称东方风神。

《山海经》里记载有四方风神，分别是：《大荒东经》的东方风神折丹，来风曰俊；《大荒南经》的南方风神因因乎，来风曰乎民；《大荒西经》的西方风神石夷，来风曰韦；《大荒东经》的北方风神䴅，来风曰狻。

禺虢

东海之渚中，有神，人面鸟身，珥两黄蛇，践两黄蛇，名曰禺虢。黄帝生禺虢，禺虢生禺京。禺京处北海，禺虢处东海，是惟海神。

解说

禺虢是人面鸟身神，也是东海海神，他双耳上穿挂着两条黄蛇，双脚下践踩着两条黄蛇。禺虢是黄帝的儿子，是北海海神禺京的父亲。

王亥

有困民国，勾姓而食。有人曰王亥，两手操鸟，方食其头。王亥托于有易、河伯仆牛。有易杀王亥，取仆牛。河念有易，有易潜出，为国于兽，方食之，名曰摇民。帝舜生戏，戏生摇民。

解说

王亥是殷人的祖先，他擅长驯养牛，被后世称为畜牧之神。王亥曾经把自己驯养的牛托寄给北方的有易国和河神河伯饲养，但有易国国君绵臣杀死了王亥，并将他的牛据为己有。殷人的国君上甲微以河伯之师讨伐并灭掉了有易国，杀死了绵臣。河伯怜悯有易人，便帮助残存的有易人逃走。后来，这些逃出的有易人发展成为一个长着鸟足的民族，他们建立了一个以兽为食的国家，这个国家就是摇民国。

五采鸟

有五采之鸟，相乡弃沙。惟帝俊下友。帝下两坛，采鸟是司。

注释

弃沙：袁珂认为『弃疑是媻字之讹』，郝懿行说『沙疑与娑同』，据此，『弃沙』即媻娑，指盘旋而舞的样子。

解说

五采鸟属凤凰之类，它们长着五彩的羽毛，常常两两相对婆娑起舞。

鹓

有女和月母之国。有人名曰鹓，北方曰鹓，来之风曰狻，是处东极隅以止日月，使无相间出没，司其短长。

解说

鹓为四方诸神中的北方之神，亦是北方风神。他还掌控着日月运行的速度，使日月的升降及日夜的长短变化都有规律。

应龙

大荒东北隅中有山，名曰凶犁土丘。应龙处南极，杀蚩尤与夸父，不得复上，故下数旱。旱而为应龙之状，乃得大雨。

解说

应龙是一种有翅膀的龙，擅长蓄水行雨。它是黄帝的神龙，曾杀死蚩尤与夸父，立下战功，但也因此用尽力气，无法再上天，导致下界常闹旱灾。遇到旱灾时，人们常装扮成应龙的形状向上天祈求，便能得到大雨。

夔

东海中有流波山，入海七千里。其上有兽，状如牛，苍身而无角，一足，出入水则必风雨，其光如日月，其声如雷，其名曰夔。黄帝得之，以其皮为鼓，橛以雷兽之骨，声闻五百里，以威天下。

解说

夔长得像牛，身体呈苍青色，没有犄角，仅有一条腿。夔出入水中会伴随风雨，它发出的光芒如同日月闪耀，它发出的声响如同雷鸣。黄帝得到夔后，用它的皮做成战鼓，并用雷兽的骨头做成鼓槌敲打，鼓声能传到五百里外，威震天下。

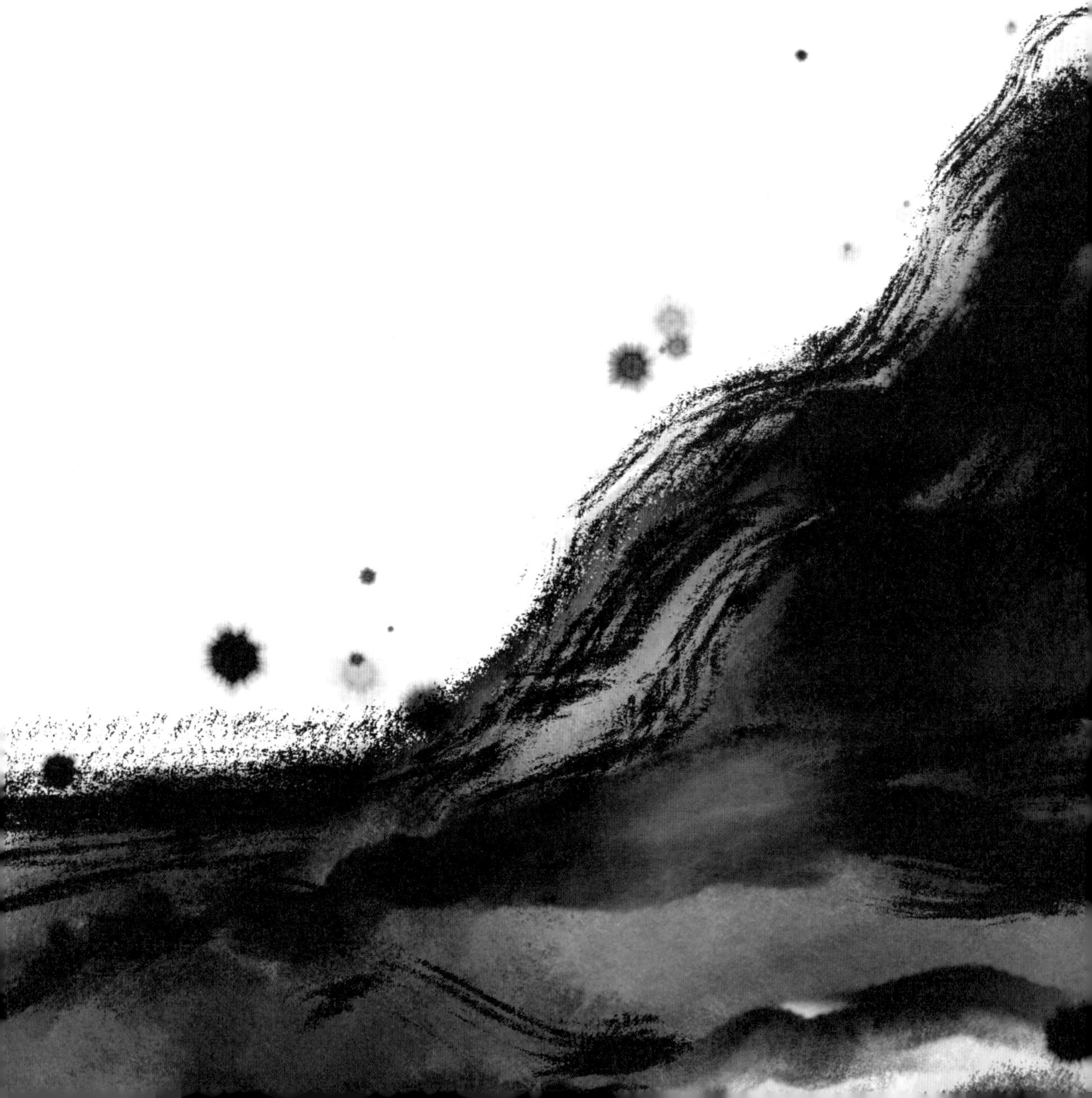

卷十五

大荒南经

跊踢

南海之外，赤水之西，流沙之东，有兽，左右有首，名曰跊踢。

解说

跊踢是左右各长有一个脑袋的奇兽。《山海经》中多处出现双头奇兽，《海外西经》有前后各长一头的并封，《大荒西经》有左右各长一头的屏蓬。

双双

南海之外，赤水之西，流沙之东，……有三青兽相并，名曰双双。

解说

双双是一种奇兽，外形像三头青兽并列在一起的样子。还有一种说法认为，双双是一种奇鸟，像三只青鸟并列在一起的样子。

狼

赤水之东，有苍梧之野，舜与叔均之所葬也。爰有……熊、罴、象、虎、豹、狼、视肉。

解说

狼即现实世界中的狼，耳竖立，毛黄色或灰褐色，尾下垂，生活在山林中。

玄蛇

有荣山，荣水出焉。黑水之南有玄蛇，食麈。

解说

玄蛇是一种黑色的蛇，它体形巨大，能吞下整头驼鹿。

麈（zhǔ）

黄鸟

有巫山者，西有黄鸟。帝药八斋。黄鸟于巫山，司此玄蛇。

解说

黄鸟即皇鸟，亦作凰鸟，属于凤凰一类的鸟。巫山是天帝神仙药的产生之地，黄鸟在此处看守玄蛇，防止其偷窃天帝的神药。郭郛认为，玄蛇可以防止偷食草药的鹿类，黄鸟又可以看管玄蛇，三者形成了一个远古的生物链。

卵民国

有卵民之国，其民皆生卵。

解说

卵民国的人皆由卵而生，同时他们自己也能够产卵。

盈民国

有盈民之国，於姓，黍食。又有人方食木叶。

解说

盈民国的人以黍为食，还会吃一种树的叶子。据说人吃了这种树叶可以成仙。

不廷胡余

南海渚中有神，人面，珥两青蛇，践两赤蛇，曰不廷胡余。

解说

不廷胡余长着人的面孔，耳朵上挂着两条青蛇，脚底下踩着两条红蛇。

黍（shǔ） 珥（ěr）

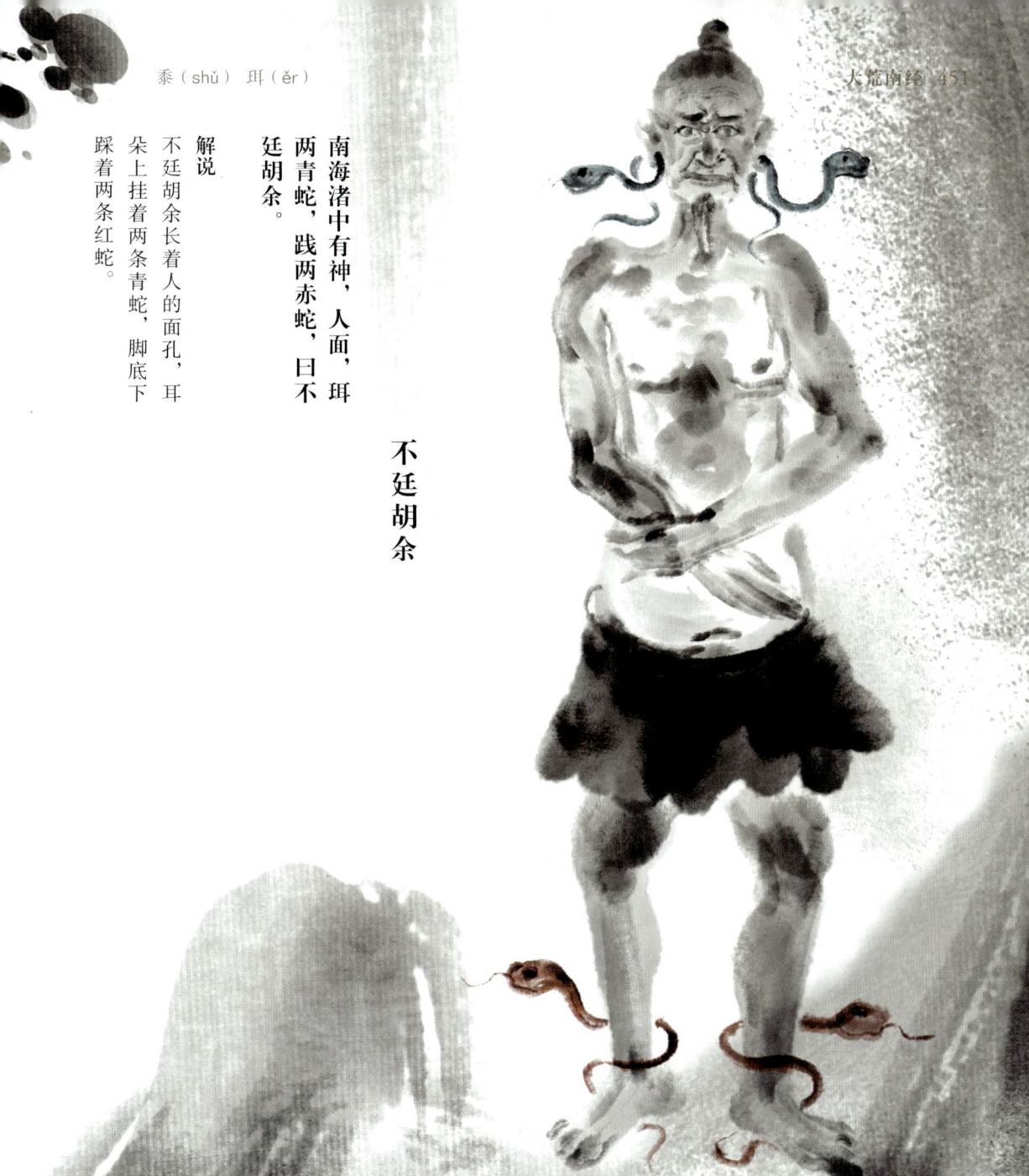

因因乎

有神名曰因因乎，南方曰因乎，夸风曰乎民，处南极以出入风。

注释

夸风：袁珂认为，『夸风』疑当作『来风』。

解说

因因乎是四方神中的南方之神，也是南方风神，他在大地的南极掌管着风起风停。

季厘国

有襄山，又有重阴之山。有人食兽，曰季厘。帝俊生季厘，故曰季厘之国。

解说

季厘国人是帝俊的后裔，他们靠捕食野兽为生。

蜮人

有蜮山者，有蜮民之国，桑姓，食黍，射蜮是食。有人方扜弓射黄蛇，名曰蜮人。

注释

蜮：传说中的一种怪物，样子像鳖，生活在水中。蜮会口中含沙去喷射映在水中的人影，被它射中影子的人会生病而死。

解说

蜮人就是蜮民，他们都姓桑，吃黄米，还射杀蜮作为食物。

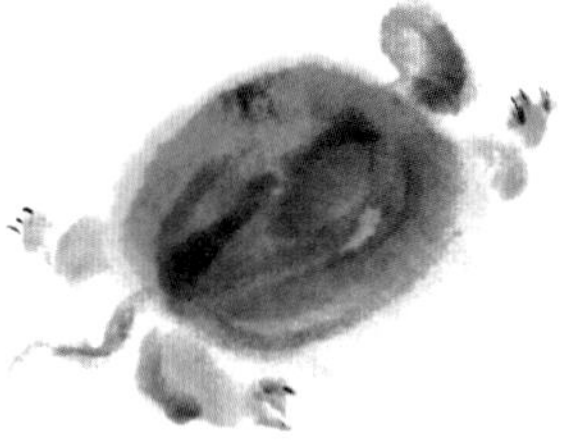

育蛇

有宋山者，有赤蛇，名曰育蛇。有木生山上，名曰枫木。枫木，蚩尤所弃其桎梏，是为枫木。

解说

育蛇是一种红蛇，它常盘踞于枫木之上。枫木是蚩尤被杀后，其手镣脚铐等所化。

祖状尸

有宋山者，……有人方齿虎尾，名曰祖状之尸。

解说

多数研究者将『方齿虎尾』解释为『方形的牙齿、老虎的尾巴』，认为祖状尸是一位人虎共体的怪神。

笔者认为，『方形牙齿』的特征不明显，恐怕不是《山海经》原图所呈现的内容。而且，本书前文的『方捕鱼』『方跪进柸食』等语句，均将『方』解释为『正在』，故将这里的『方齿虎尾』解释为『正在咬老虎的尾巴』更合理。

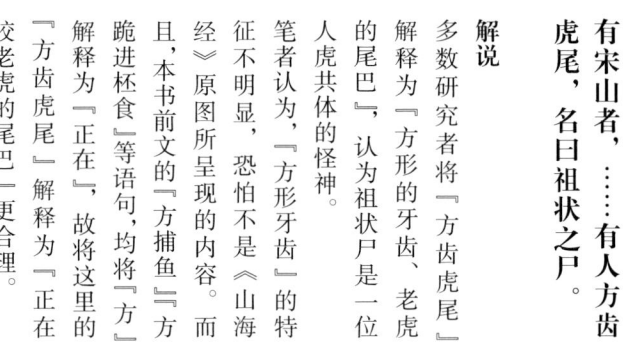

焦饶国

有小人，名曰焦饶之国，几姓，嘉谷是食。

解说

焦饶国是一个由身材矮小的人组成的国家。《海外南经》的周饶、《大荒东经》的靖人、《大荒南经》的菌人指的都是小人。

饶（yáo）

张弘国

有人名曰张弘，在海上捕鱼。海中有张弘之国，食鱼，使四鸟。

解说

张弘国国民擅长捕鱼，以鱼为食，他们平常驯养使唤着四种动物。

研究者认为，张、长音形相近，弘、肱音形相近，『张弘』即『长肱』，也就是《海外南经》所载长臂国。

羲和

东南海之外，甘水之间，有羲和之国。有女子名曰羲和，方日浴于甘渊。羲和者，帝俊之妻，生十日。

注释

日浴：袁珂认为『日浴』当为『浴日』。

甘渊：袁珂认为甘渊即汤谷。

解说

羲和是东方天帝帝俊的妻子，传说她生了十个太阳。十个太阳住在东方海外的汤谷，汤谷里的水滚烫滚烫的，是十个太阳沐浴的地方。汤谷有一棵叫扶桑的神树，树高数千丈，是十个太阳居住的地方。其中，九个太阳住在扶桑树下面的枝条上，一个太阳住在上面的枝条上。兄弟十个轮流出现在天空，一个回来了，另一个才去值班。他们每次出行都由母亲羲和驾着车子接送。

菌人

有小人，名曰菌人。

解说

菌人是一种小人。吴任臣《山海经广注》引《事物绀珠》记载：『孩儿树出大食国，赤叶，枝生小儿，长六七寸，见人则笑。』这里提到的『小儿』或许就是菌人一类。

卷十六

大荒西经

不周山两黄兽

西北海之外，大荒之隅，有山而不合，名曰不周负子，有两黄兽守之。有水曰寒暑之水。水西有湿山，水东有幕山。有禹攻共工国山。

注释

不周负子：此处『负子』或是衍文。

解说

不周山两黄兽是日夜守护不周山的两头黄色神兽。不周山是中国古代神话中的天柱，位于昆仑山的西北。传说共工与颛顼争帝时，共工愤怒撞向不周山，造成此山残缺不全。

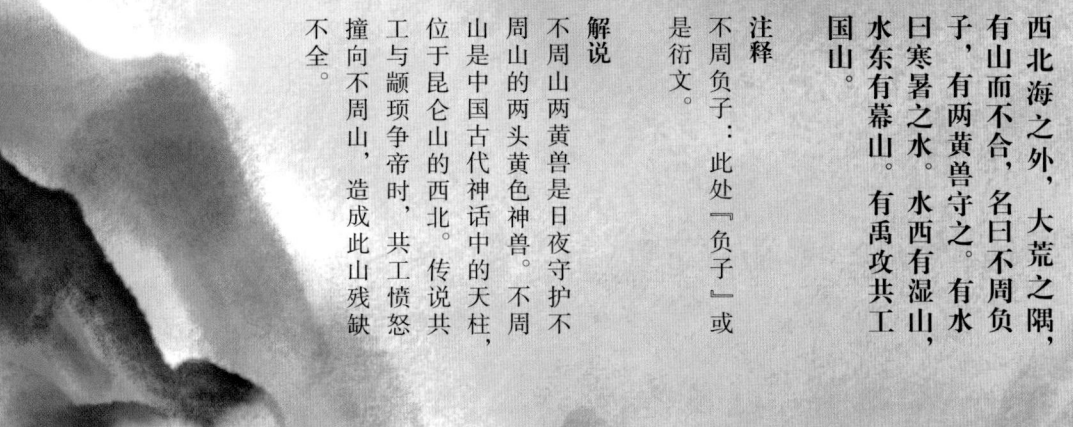

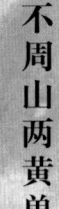

女娲之肠

有神十人，名曰女娲之肠，化为神，处栗广之野，横道而处。

解说

女娲之肠是女娲的肠子化成的十位神人。他们居住在一片名为栗广的旷野中，平时就像肠子一样横亘在这里的道路上。

石夷

有人名曰石夷，来风曰韦，处西北隅以司日月之长短。

解说

石夷是四方神中的西方之神，也是西方风神。他在大地的西北角掌管着日月运行时间的长短变化。

狂鸟

有五采之鸟，有冠，名曰狂鸟。

解说

狂鸟是凤凰之类的鸟，它的羽毛五彩斑斓，头顶有冠。此外，《海外西经》的灭蒙鸟、《大荒西经》的鸣鸟等都属凤凰类。

北狄

有北狄之国。黄帝之孙曰始均，始均生北狄。

解说

北狄是中国古代北方的部族。北狄之人皆是黄帝的后裔。

太子长琴

有芒山。有桂山。有榣山，其上有人，号曰太子长琴。颛顼生老童，老童生祝融，祝融生太子长琴，是处榣山，始作乐风。

解说

太子长琴是原始音乐的创始人之一。他的祖父老童说话的声音十分洪亮，犹如敲钟击磬。据说，太子长琴在音乐方面拥有天赋与他的祖父颇具乐感有关。

十巫

有灵山，巫咸、巫即、巫朌、巫彭、巫姑、巫真、巫礼、巫抵、巫谢、巫罗十巫从此升降，百药爰在。

解说

灵山即《大荒南经》中的巫山，此山是群巫往来于人间与天界的通道。十巫既是人神沟通的媒介，又是擅长采药治病的巫医。

虫状如菟

有虫，状如菟，胸以后者裸不见，青如猿状。

注释

菟：通『兔』。

解说

虫状如菟是一种长得像兔子的野兽。它的皮毛是青色的，胸脯以下的皮肤裸露着，但又看不出来。

鸣鸟

有弇州之山，五采之鸟仰天，名曰鸣鸟。爰有百乐歌儛之风。

解说

鸣鸟是一种仰面啸天的五彩之鸟，它是凤凰一类的神鸟。

弇兹

西海陼中有神，人面鸟身，珥两青蛇，践两赤蛇，名曰弇兹。

解说

弇兹是西海海神，他的样貌与北海海神禺彊、东海海神禺猇相似，都是人面鸟身。他耳朵上戴着两条青蛇，脚底下踩着两条红蛇。

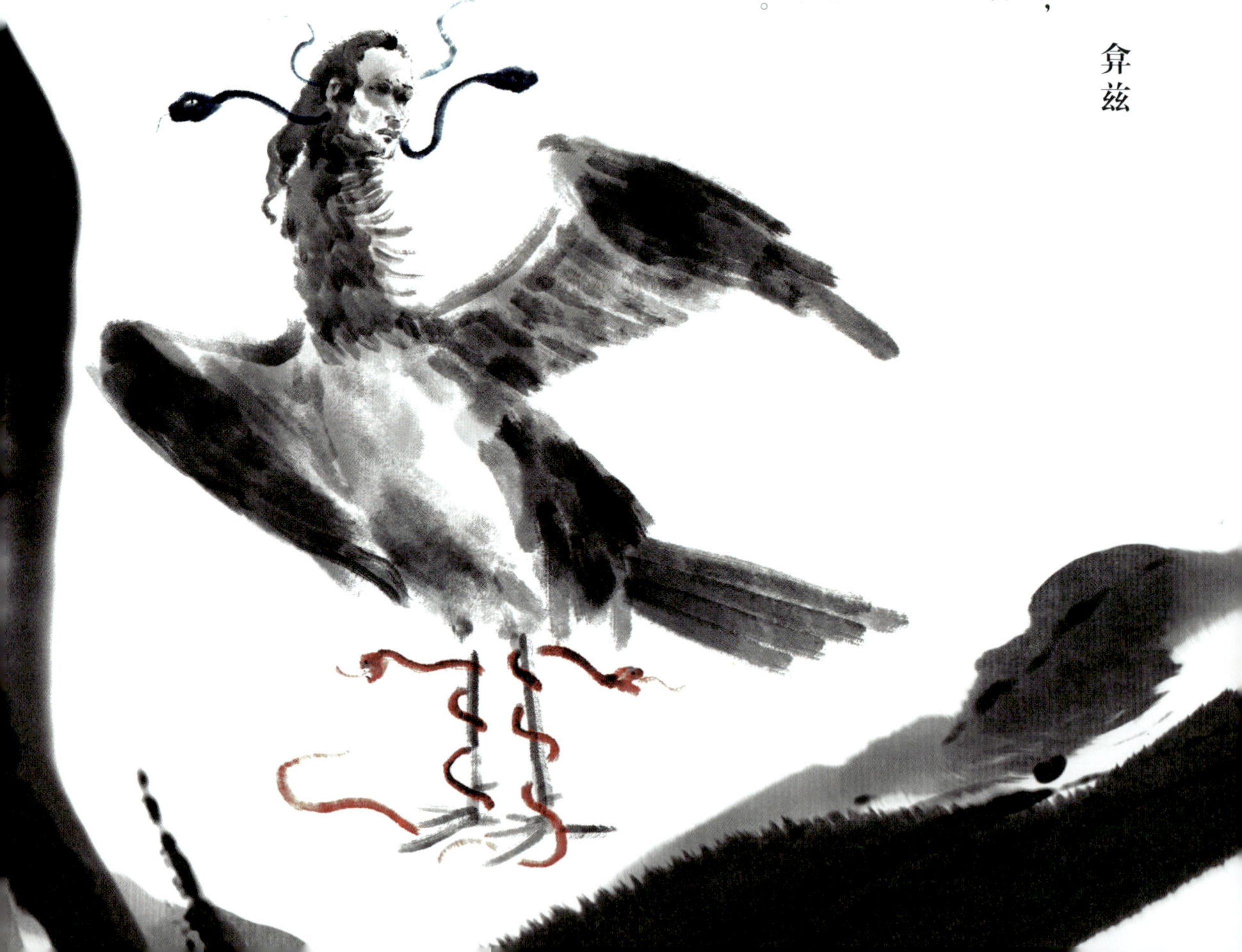

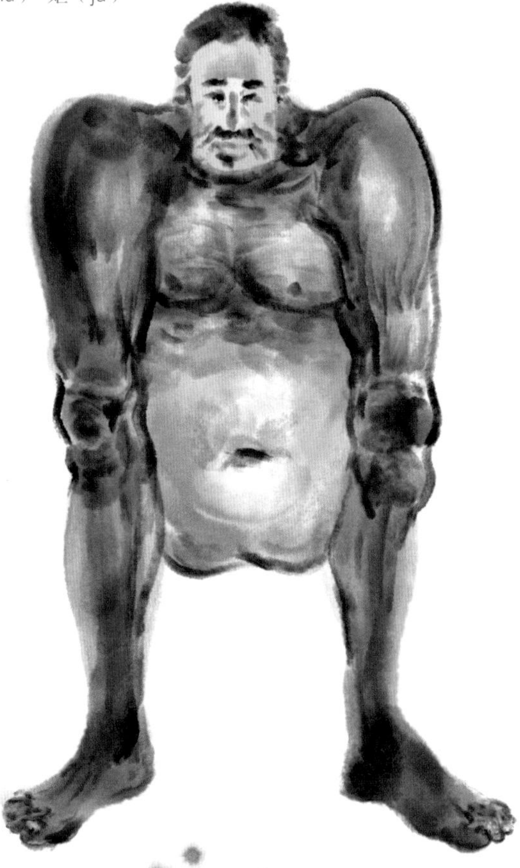

嘘

大荒之中有山，名曰日月山，天枢也。吴姖天门，日月所入。有神，人面无臂，两足反属于头山，名曰嘘。

注释

头山：郝懿行认为『头』为『上』字之讹。

解说

嘘是一位长着人面，没有手臂，腿连在头上的神人。嘘居住在大荒之中的日月山上，那里是日月出入的地方。

噎

颛顼生老童，老童生重及黎。帝令重献上天，令黎邛下地。下地是生噎，处于西极，以行日月星辰之行次。

注释

献、邛：义未详。有研究者认为，献指托举，邛指向下按。

解说

噎处于大地的西极，专门执掌日月星辰的运行顺序。他还能够通过观察日月星辰的运动变化规律来确定时历之长短。

天虞

有人反臂，名曰天虞。

解说

天虞是一位手臂反过来长在后面的怪神。

常羲

有女子方浴月。帝俊妻常羲，生月十有二，此始浴之。

解说

常羲是帝俊的妻子，她生了十二个月亮以后，便开始为这些月亮沐浴。

除常羲外，帝俊还有两个妻子，分别是羲和与娥皇。羲和生了十个太阳，娥皇生了三身民。

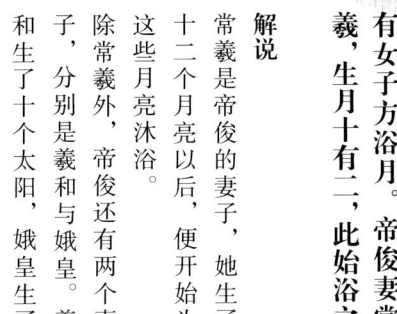

五色鸟

有玄丹之山。有五色之鸟，人面有发。爰有青鸾、黄鷔，青鸟、黄鸟，其所集者其国亡。

解说

五色鸟是一种凶鸟，长着人的面孔，头上有头发，有青黄两色。这种鸟聚集的国家会逐渐衰亡。《海外西经》的鶬鸾鸟也长着人的面孔，有青黄两色，是一种『亡国之鸟』，故袁珂认为，五色鸟或即鶬鸾鸟。

屏蓬

有兽，左右有首，名曰屏蓬。

解说

屏蓬是一种牝牡同体的奇兽，左右各有一个头。研究者认为『屏蓬』就是《海外西经》的『并封』。

白鸟

有巫山者。……有白鸟，青翼，黄尾，玄喙。

解说

白鸟是一种生活在巫山的鸟，它长着青色的翅膀、黄色的尾巴和黑色的嘴。

天犬

有巫山者。……有赤犬，名曰天犬，其所下者有兵。

解说

天犬是一种红颜色的狗，它降临的地方会发生战争。此外，《西次三经》有天狗，它是一种辟邪御凶、禳灾除祸的神兽，与此处天犬截然不同。

西海之南，流沙之滨，赤水之后，黑水之前，有大山，名曰昆仑之丘。有神，人面虎身，有文有尾，皆白处之。

注释

白：指点缀的白色斑点。

解说

人面虎身神生活在昆仑山上，他虎身人面，躯干和尾巴上点缀着白色的花纹。

《山海经》中多次出现人面虎身的形象：《西次三经》中有陆吾，『其神状虎身而九尾，人面而虎爪』；《海内西经》有开明兽，『身大类虎，而九首，皆人面』。研究者认为，人面虎身神、陆吾、开明兽这三者形态大体相同，神职皆是守护昆仑山，故他们是同一种神。

人面虎身神

寿麻

有寿麻之国。南岳娶州山女，名曰女虔。女虔生季格，季格生寿麻。寿麻正立无景，疾呼无响。爰有大暑，不可以往。

解说

寿麻是一个站在太阳底下却没有影子的神人。他即使大声呼唤，也不会有任何回声。传说他所在的寿麻国没有水源，天气炎热，是一个不适合人居住的地方。

夏耕尸

有人无首，操戈盾立，名曰夏耕之尸。故成汤伐夏桀于章山，克之，斩耕厥前。耕既立，无首，厺厥咎，乃降于巫山。

注释

厥：代词，其。

厺：『走』的本字。

解说

夏耕是暴君夏桀手下的一员大将。他负责镇守于章山。成汤伐夏桀时，夏耕不堪一击，被成汤的手下砍掉了脑袋。夏耕死后，他的灵魂化为了夏耕尸。夏耕尸为了逃避罪咎，流窜到了巫山。

三面人

大荒之中有山，名曰大荒之山，日月所入。有人焉三面，是颛顼之子，三面一臂，三面之人不死。是谓大荒之野。

解说

三面人是颛顼之子。他长着三张面孔和一条胳膊，生活在大荒之中，能够长生不死。

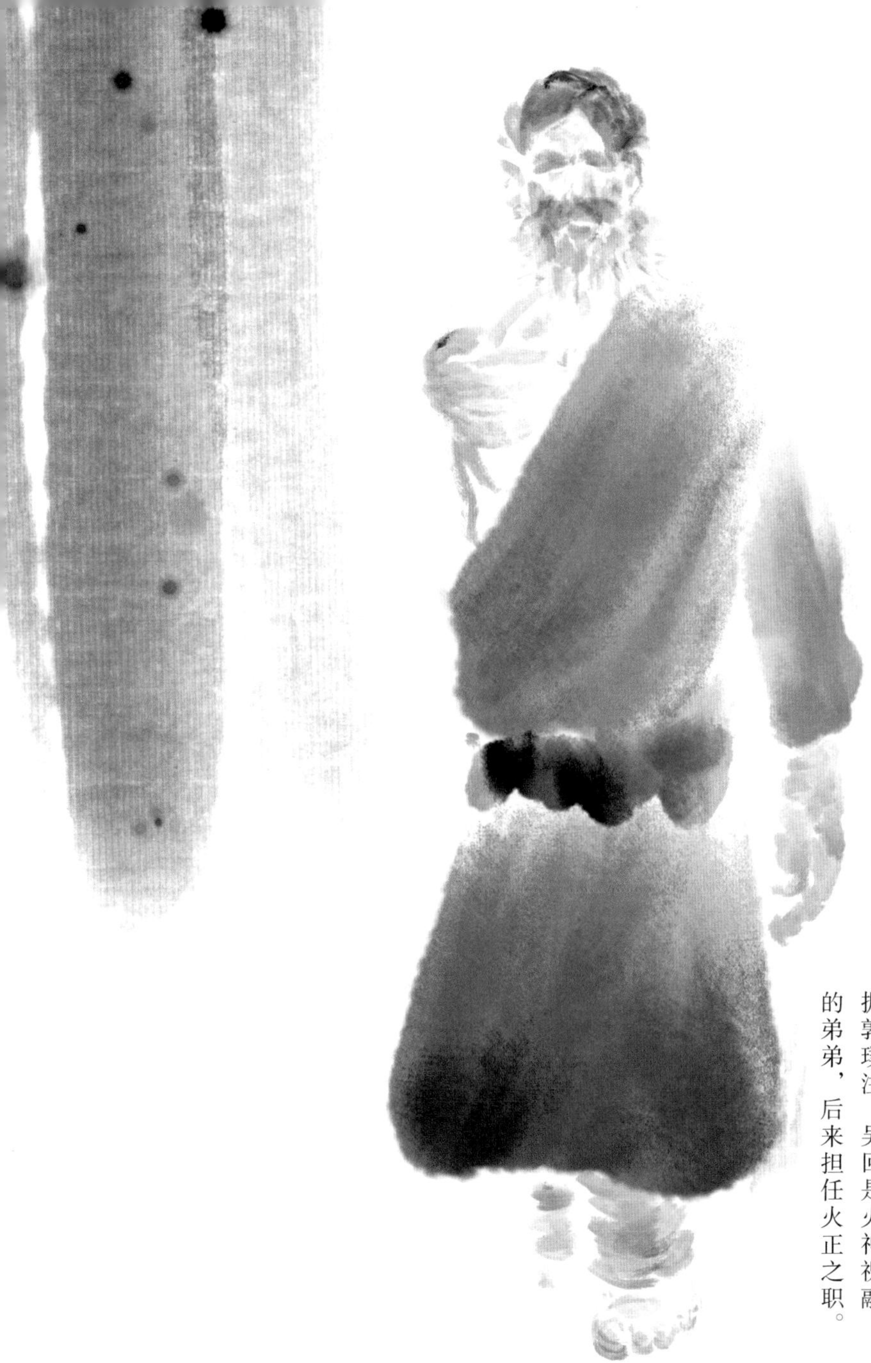

吴回

有人名曰吴回，奇左，是无右臂。

解说

吴回是一位只有左臂的神。据郭璞注，吴回是火神祝融的弟弟，后来担任火正之职。

互人国

有互人之国。炎帝之孙名曰灵恝，灵恝生互人，是能上下于天。

解说

互人国即氐人国。互人是炎帝的后裔，他们人面鱼身，没有脚，但能自由往来于天界与人间，是人与神的沟通者。

恝（jiá）

鱼妇

有鱼偏枯，名曰鱼妇。颛顼死即复苏。风道北来，天乃大水泉，蛇乃化为鱼，是为鱼妇。颛顼死即复苏。

注释

道：从，由。

解说

鱼妇是颛顼死而复生后所变。相传，颛顼死的时候，恰逢大风从北方吹来，海水奔涌不止，正是蛇将幻化为鱼之际。颛顼便趁机附着在鱼身上得以复活，成为半人半鱼的样子。

鸀鸟

有青鸟，身黄，赤足，六首，名曰鸀鸟。

解说

鸀鸟身子是黄色的，爪子是红色的，长着六个脑袋。

卷十七

大荒北经

蜚蛭

大荒之中，有山名曰不咸。有肃慎氏之国。有蜚蛭，四翼。

注释

蜚：通『飞』。

解说

蜚蛭也作飞蛭，是一种有四片翅膀的飞虫。

琴虫

大荒之中，有山名曰不咸。……有虫，兽首蛇身，名曰琴虫。

解说

琴虫是一种兽首蛇身的怪蛇。

猎猎

大荒之中，有山名曰衡天。有先民之山。有槃木千里。有叔歜国……有黑虫，如熊状，名曰猎猎。

注释

虫：古时指包含人在内的一切动物。

解说

猎猎是一种外形像黑熊的野兽。

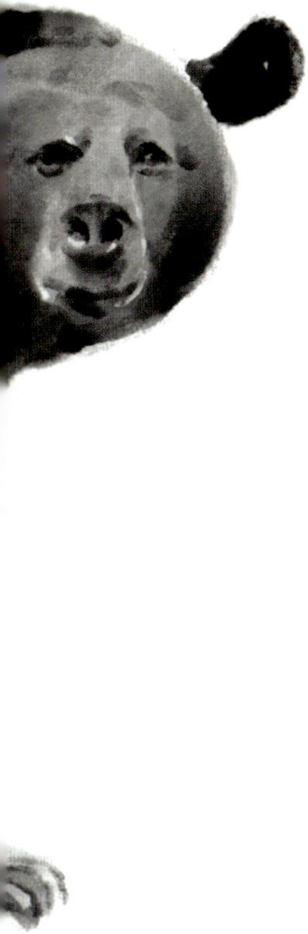

儋耳国

有儋耳之国，任姓，禺号子，食谷。

解说

儋耳国的人姓任，是东海海神禺猇的后人。他们长着一对垂在肩头的大耳朵，走路时还要用双手托着。历代研究者认为，儋耳国即《海外北经》的聂耳国，但两国风俗不同，故本书分别呈现。

禺彊

北海之渚中，有神，人面鸟身，珥两青蛇，践两赤蛇，名曰禺彊。

解说

禺彊也叫禺京，他是北海海神，也是东海海神禺猇的儿子。禺彊人面鸟身，耳朵上挂着两条青蛇，脚下踩着两条红蛇。

禺彊又见于《海外北经》，他『珥两青蛇，践两青蛇』，与此处禺彊略有不同，故本书分别呈现。

九凤

大荒之中有山，名曰北极天柜，海水北注焉。有神，九首人面鸟身，名曰九凤。

解说

九凤长着九个脑袋，每个脑袋上都有人的面孔。他居住在大荒之中的天柜山，是当地人崇拜的鸟神。

在中国神话传说中，九头鸟也长着九个脑袋，不过这是一种不吉祥的怪鸟，常用来比喻奸佞狡猾的人。

彊良

大荒之中有山，名曰北极天柜，……又有神，衔蛇操蛇，其状虎首人身，四蹄长肘，名曰彊良。

解说

彊良又称强梁，是一位虎头人身神。它口中叼着蛇，手中握着蛇。彊良可以用来辟邪，是古时驱疫逐鬼的十二神之一。

赤水女子献

有钟山者。有女子衣青衣，名曰赤水女子献。

解说

清代吴承志认为，『献』当作『魃』，赤水女子献即黄帝女魃；郭璞《图赞》则认为她是一位窈窕丽人。本书依后者绘图。

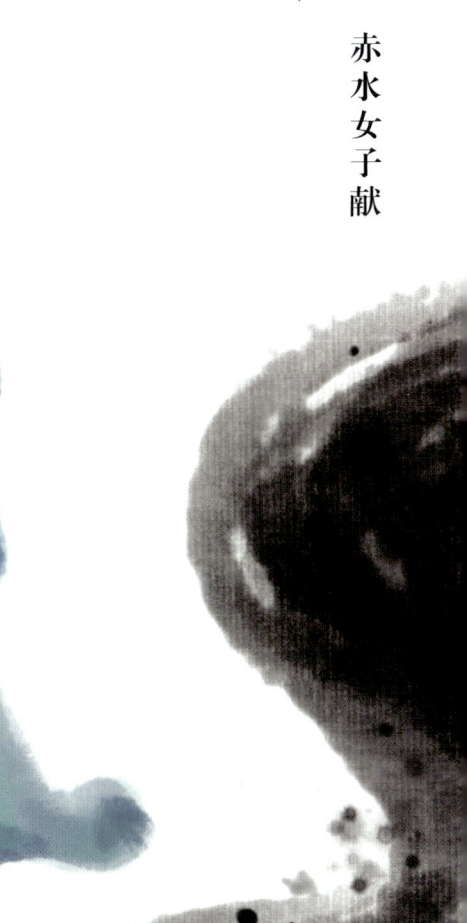

传说炎黄二帝斗争，炎帝兵败后，蚩尤奋起为炎帝复仇。蚩尤制造了兵仗、刀、戟、大弩等武器进攻黄帝，黄帝派应龙在冀州原野应战。应龙蓄水以抵御蚩尤，蚩尤则请风伯、雨师纵大风雨。黄帝无奈，只好请女魃助战。雨停之后，黄帝反攻并杀死了蚩尤。

黄帝女魃

解说

黄帝女魃又作女妭、旱魃，是黄帝的女儿。传说女魃住在系昆山的共工台上，她没有头发，爱穿青色的衣服。蚩尤与黄帝大战中，黄帝命应龙蓄水来抵御蚩尤的进攻。蚩尤请来风伯、雨师，导致风雨大作，暴雨横行，应龙因此丧失了战斗力。于是，黄帝让女魃止住了暴雨，这才杀掉了蚩尤。

女魃所在的地方不会下雨，致使当地连年大旱、灾荒不断，人们十分痛恨她。叔均把这些情况告诉了黄帝，黄帝便下令把女魃安置在赤水之北，让她不得乱动，但女魃依旧四处逃逸。她所到之处，百姓都会举行驱逐旱魃的仪式。他们先疏浚水道、决通沟渠，然后向女魃祝祷说：『神啊，回到赤水以北去吧！』

魃（bá） 渎（dú）

有系昆之山者，有共工之台，射者不敢北乡。有人衣青衣，名曰黄帝女魃。蚩尤作兵伐黄帝，黄帝乃令应龙攻之冀州之野。应龙畜水，蚩尤请风伯、雨师纵大风雨。黄帝乃下天女曰魃，雨止，遂杀蚩尤。魃不得复上，所居不雨。叔均言之帝，后置之赤水之北。叔均乃为田祖。魃时亡之，所欲逐之者令曰：『神北行！』先除水

蚩尤

戎宣王尸

大荒之中有山，名曰融父山，顺水入焉。……有赤兽，马状无首，名曰戎宣王尸。

解说

戎宣王尸长得像一匹没有脑袋的马，全身赤红。郭璞认为，戎宣王尸是犬戎国的神名。

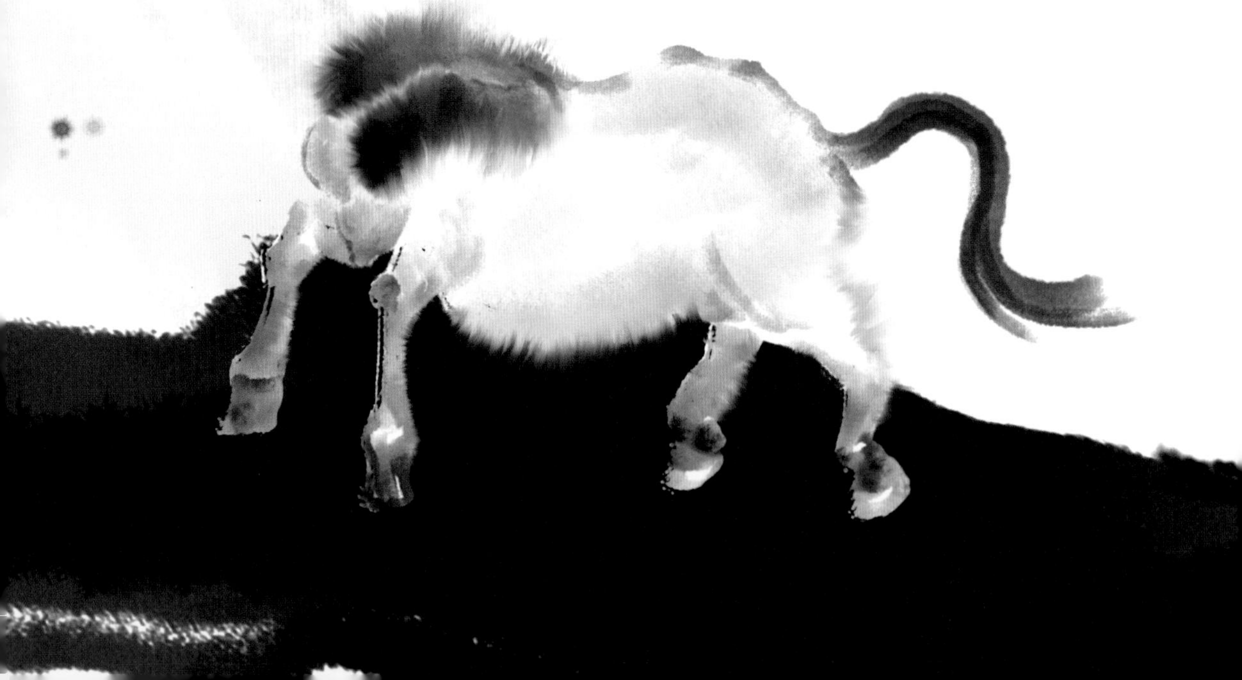

犬戎

有犬戎国。有神，人面兽身，名曰犬戎。

解说

郝懿行认为，犬戎是黄帝之玄孙，是人而非神，文中『有神』疑是『有人』之讹。

威姓少昊之子

有人一目，当面中生。一曰是威姓，少昊之子，食黍。

解说

威姓少昊之子只有一只眼睛，长在面部的正中间，他以黍为食。

《山海经》多次出现一目人。《海外北经》有一目国，『一目中其面而居』；《海内北经》有鬼国，『为物人面而一目』。

苗民

西北海外，黑水之北，有人有翼，名曰苗民。颛顼生驩头，驩头生苗民，苗民釐姓，食肉。

解说

苗民，即三苗之民，他们是颛顼的后裔。三苗国又称三毛国，国民都长着一对翅膀，但他们不会飞。

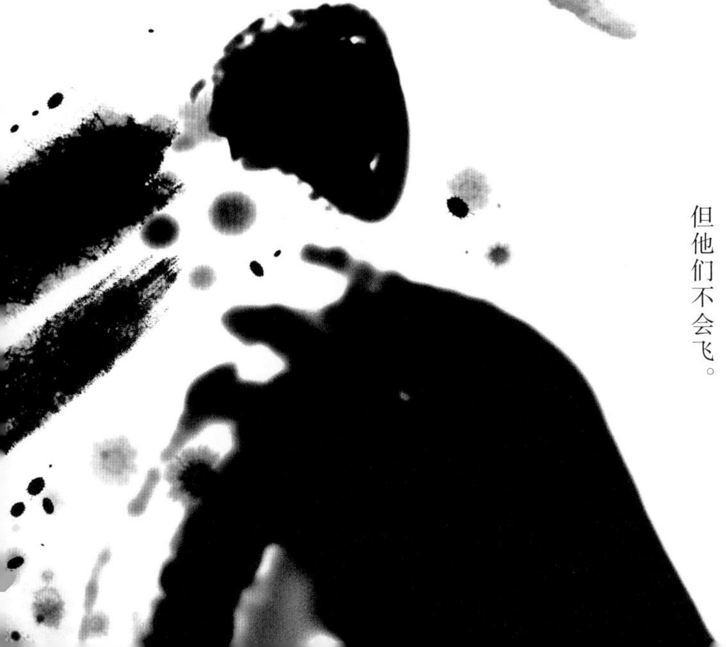

烛龙

西北海之外，赤水之北，有章尾山。有神，人面蛇身而赤，直目正乘，其瞑乃晦，其视乃明，不食不寝不息，风雨是谒。是烛九阴，是谓烛龙。

注释

乘：毕沅认为『乘，恐朕字假音』，罅隙、缝隙的意思，这里指烛龙眼睛的合缝处。

谒：毕沅认为『谒，噎字假音』，吞食、吞咽的意思，这里指吞食风雨。

解说

烛龙生活在赤水之北的章尾山，是一位人面蛇身神，浑身赤色，眼睛竖生，眼缝笔直。他一闭上眼睛，世界就变成黑夜；一睁开眼睛，马上就变成白天。他不吃不睡不呼吸，只吞咽风雨为食。

烛龙和《海外北经》的烛阴形貌相同，应是同一种神。

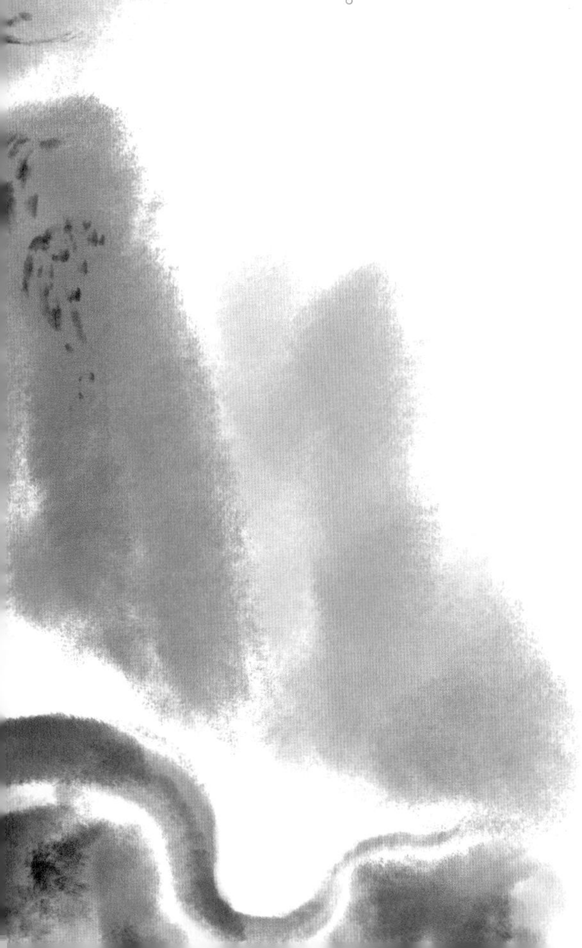

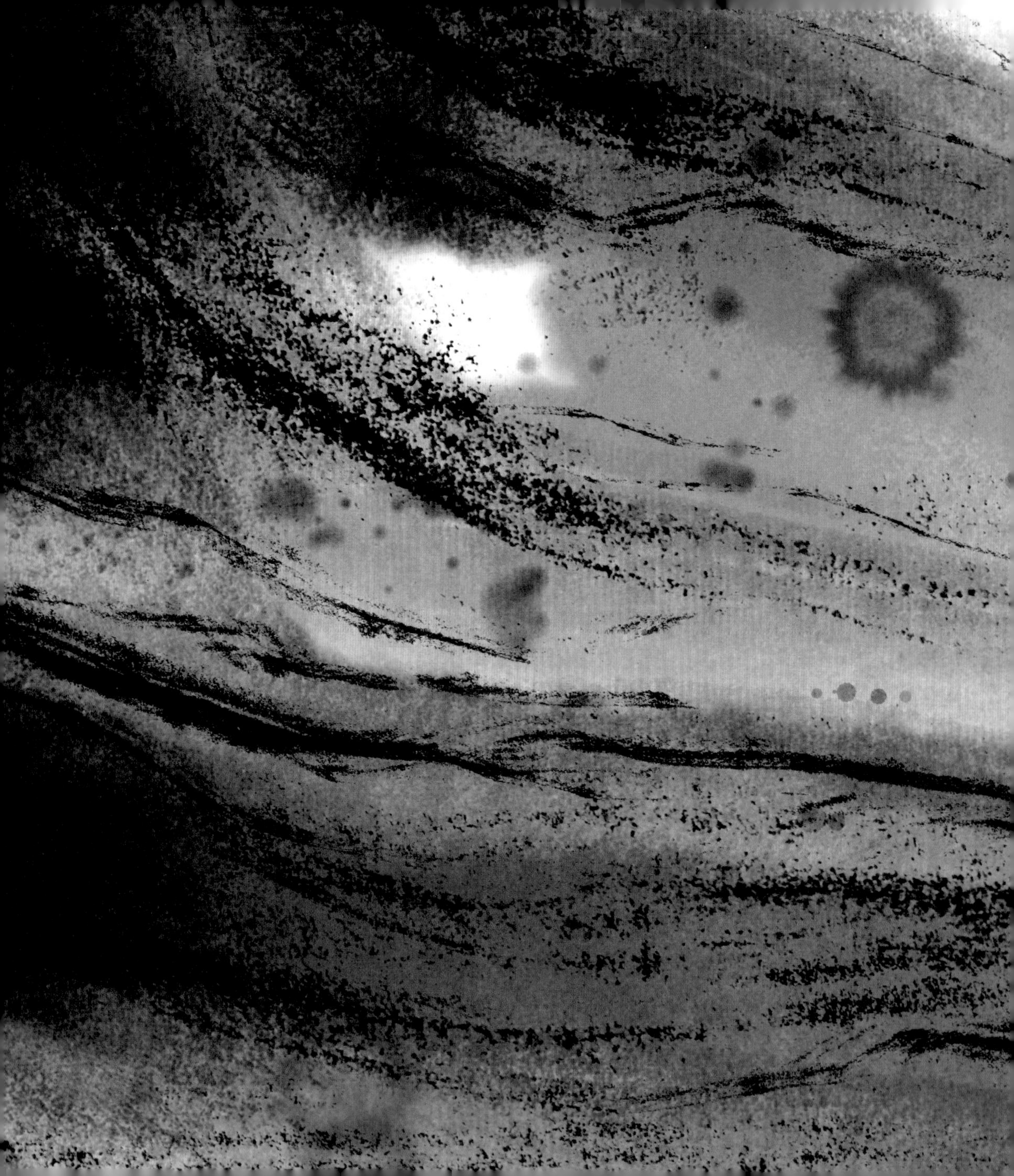

卷十八

海内经

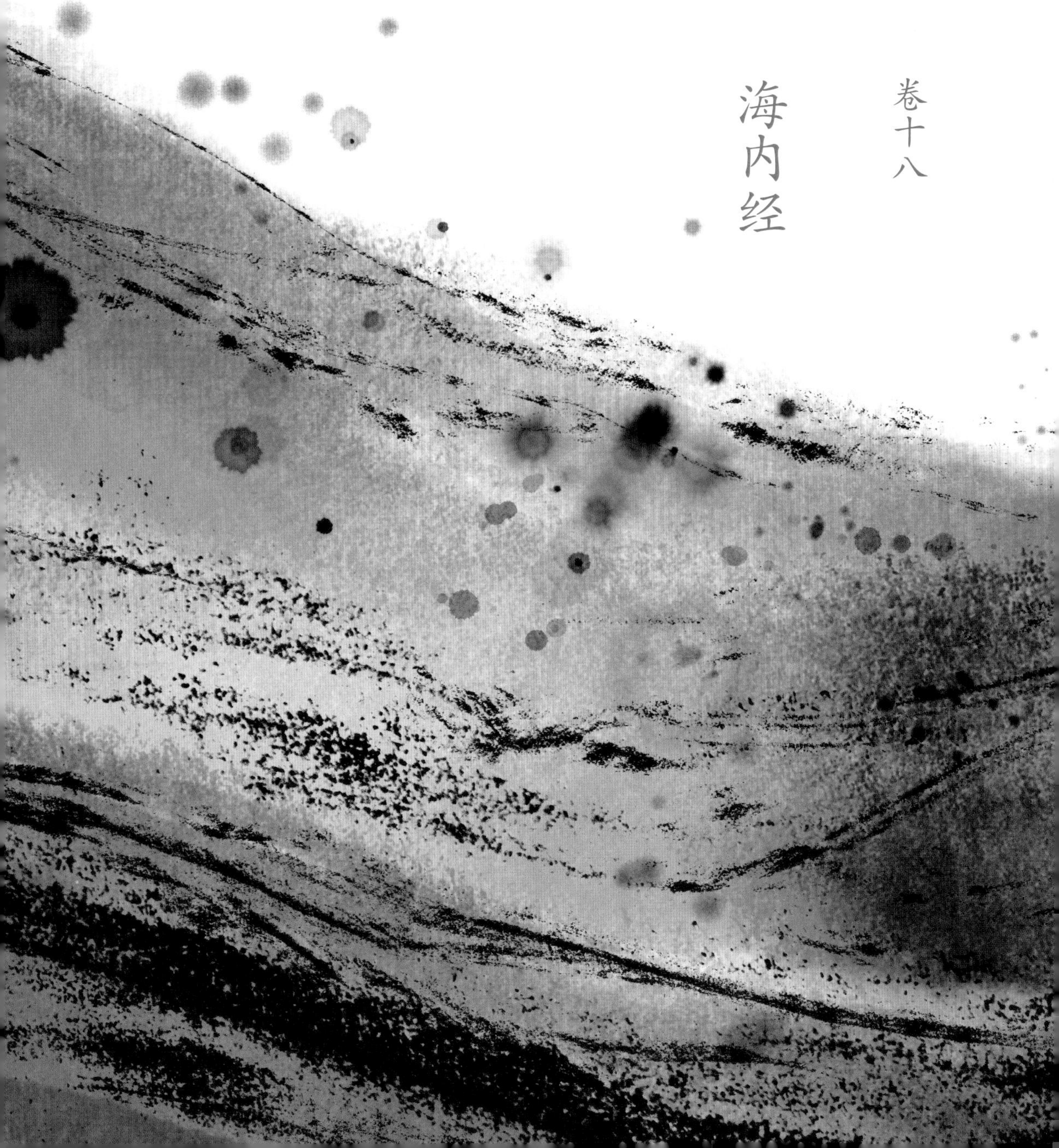

注释

雷祖：即嫘祖，传说是我国最早养蚕的人。

擢首：擢，指物体被牵拉变形的样子。擢首指头很长。

谨耳：小耳朵。

渠股：即今天所说的罗圈腿。

豚止：止通『趾』，豚止即猪蹄。

解说

韩流长着长脑袋、小耳朵、人的面孔、猪的嘴、麒麟的身子、罗圈腿、小猪一样的蹄子。他娶了淖子族的阿女为妻，阿女生下了颛顼。

擢（zhuó） 豕（shǐ）

华山青水之东，有山名曰肇山，有人名曰柏高，柏高上下于此，至于天。

柏子高

解说

郭璞认为『柏高』脱一『子』字，当为『柏子高』。柏子高是一位仙人，常常登临肇山，并通过此山达于天界。

韩流

流沙之东，黑水之西，有朝云之国、司彘之国。黄帝妻雷祖，生昌意。昌意降处若水，生韩流。韩流擢首、谨耳、人面、豕喙、麟身、渠股、豚止，取淖子曰阿女，生帝颛顼。

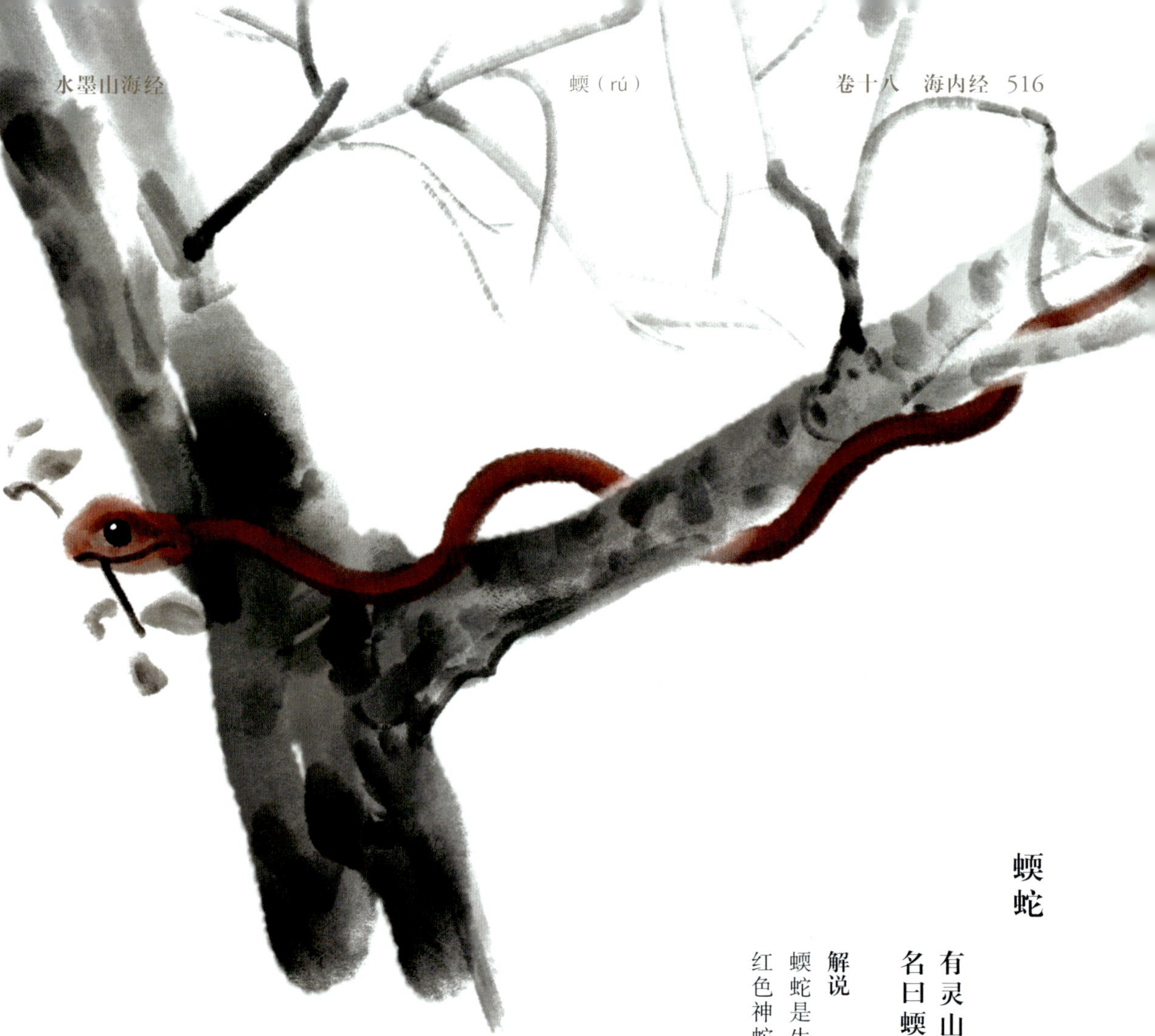

蝡蛇

有灵山，有赤蛇在木上，名曰蝡蛇，木食。

解说

蝡蛇是生活在灵山上的一种红色神蛇，它以树木为食。

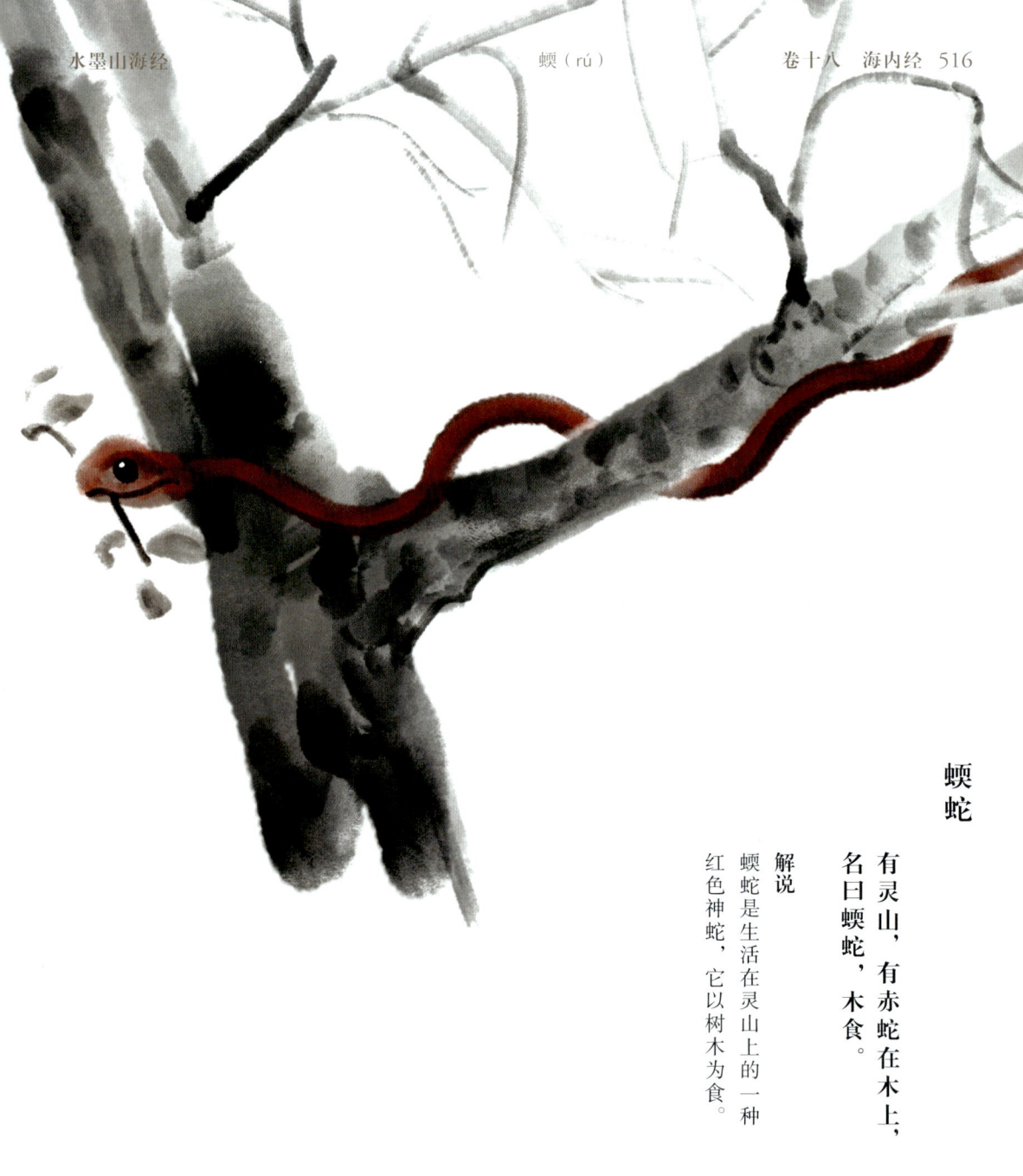

鸟氏

有盐长之国。有人焉鸟首，名曰鸟氏。

解说

郭璞认为鸟氏即鸟夷，那里的人皆鸟首人身。先秦时中国东部近海一带的居民也被称为鸟夷。

黑蛇

又有朱卷之国。有黑蛇，青首，食象。

解说

郭璞认为黑蛇即《海内南经》中的巴蛇。因两者名称和特征都不相同，故本书分别呈现。

黑人

又有黑人，虎首鸟足，两手持蛇，方啖之。

解说

黑人长着老虎的头、鸟的脚，他们以蛇为食。

有嬴民，鸟足。

解说

郭璞认为嬴民即摇民，他们长着鸟一样的脚。嬴民是舜的后裔，也是秦人的先祖。

嬴民

延维

有神焉，人首蛇身，长如辕，左右有首，衣紫衣，冠旃冠，名曰延维。人主得而飨食之，伯天下。

注释

旃：纯红色的曲柄旗，文中指代红色。

伯：通『霸』。

解说

延维即《庄子》中提到的委蛇。他是人首蛇身神，长着两个脑袋，身躯有车辕那么长，穿着紫色的衣服，戴着红色的帽子。国君如果能得到他，并且奉养祭祀，便可称霸天下。

闻一多在《伏羲考》中说：延维、委蛇，即汉画像中交尾之伏羲、女娲。

菌狗

又有青兽如菟，名曰菌狗。有翠鸟。有孔鸟。

注释

菌：郝懿行认为『菌』即古『菌』字。

解说

菌狗是一种长得像兔子的青色野兽。

孔鸟

又有青兽如菟，名曰菌狗。有翠鸟。有孔鸟。

解说

孔鸟即现实世界中的孔雀。

翳鸟

北海之内，有蛇山者，蛇水出焉，东入于海。有五采之鸟，飞蔽一乡，名曰翳鸟。

解说

翳鸟是一种长着五彩羽毛的鸟。它们结群而飞时可以遮蔽一乡的天空。

相顾尸

北海之内，有反缚盗械、带戈常倍之佐，名曰相顾之尸。

注释

盗械：戴着刑具。

倍：通『背』，背弃之意。

解说

相顾尸双手被反绑，戴着刑具，身上还有兵器。郭璞认为相顾尸可能是贰负或危一类神死后，尸体继续活动的形态。

氐羌

伯夷父生西岳，西岳生先龙，先龙是始生氐羌，氐羌乞姓。

解说

羌是中国古代的一个民族。孔晁认为氐羌即氐地的羌人。

玄鸟

北海之内有山，名曰幽都之山，黑水出焉。其上有玄鸟、玄蛇、玄豹、玄虎、玄狐蓬尾。

解说

玄鸟外形像燕子，是凤凰一类的鸟。也有研究者认为玄鸟即燕子。

玄豹

北海之内有山，名曰幽都之山，黑水出焉。其上有玄鸟、玄蛇、玄豹、玄虎、玄狐蓬尾。

解说

玄豹也叫元豹、黑豹，是一种珍兽、神兽。

玄虎

北海之内有山，名曰幽都之山，黑水出焉。其上有玄鸟、玄蛇、玄豹、玄虎、玄狐蓬尾。

解说

玄虎也叫元虎、黑虎，是一种珍兽、神兽。

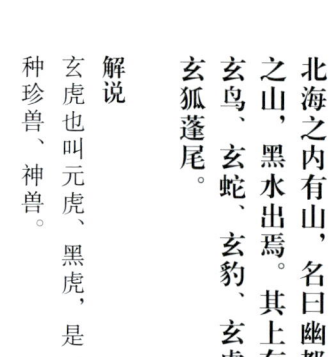

玄狐

北海之内有山，名曰幽都之山，黑水出焉。其上有玄鸟、玄蛇、玄豹、玄虎、玄狐蓬尾。

解说

玄狐也叫元狐、黑狐，是一种珍兽、神兽。

玄丘民

北海之内……有大玄之山。有玄丘之民。

解说

玄丘民即元丘民，或称黑民。研究者认为，玄丘民可能有用黑色绘身的习俗，因此他们看起来全身皆黑。

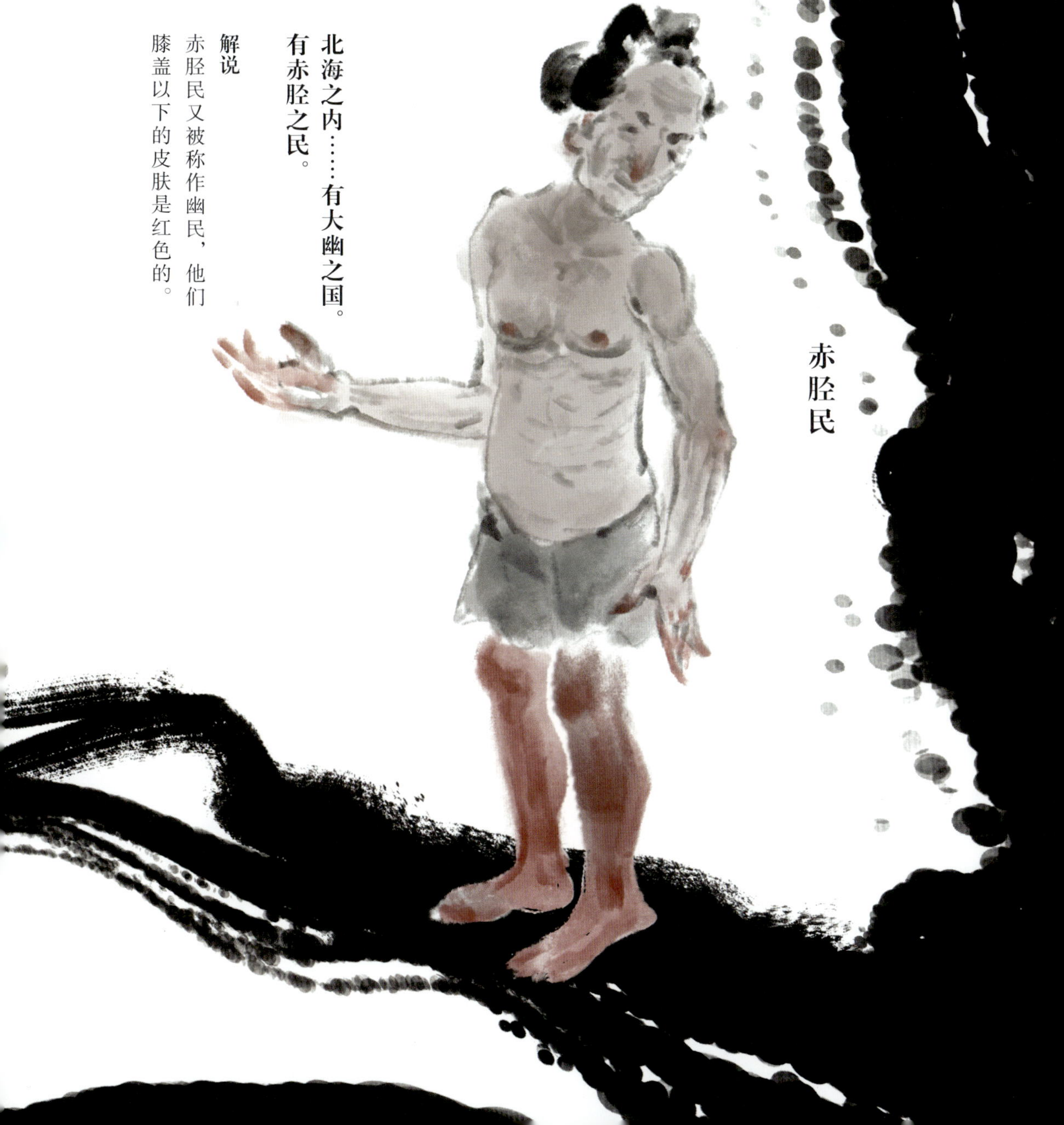

赤胫民

北海之内……有大幽之国。有赤胫之民。

解说

赤胫民又被称作幽民，他们膝盖以下的皮肤是红色的。

钉灵国

有钉灵之国，其民从厀已下有毛，马蹄，善走。

注释

厀：同『膝』。

已：同『以』。

解说

钉灵国也称为马胫国，那里的人膝盖以上是人的头颅和身体，膝盖以下是马腿、马蹄，跑起来很快。

郭郛认为，所谓的膝盖以下是马腿，应该是当地人把动物皮毛紧裹在腿上，像现今的靴子一样。

厀（xī）

后记

《山海经》是我国古代的一部地理和神话传说著作，我很久之前就有耳闻，但真正接触是在五年前。当时我想寻找一些古代神话人物作为探索绘画笔墨风格的载体，便找了许多书来读，当读到《山海经》时，我发现书中所记载的各种奇特形象正与我所需要的载体吻合。于是我便决定围绕《山海经》进行创作，并最终选定中国水墨画风来造型。水墨的酣畅自然与物象的结构、空间、光影相结合，使图画独具东方审美韵味；而且，气韵生动的水墨风格能更妥帖地诠释传统典籍《山海经》中奇幻瑰丽的形象。

确定水墨风格后，我开始研究《山海经》中的各种形象。其间，我查阅了大量研究资料，参阅了画像砖、画像石、壁画、玉器、古鼎等出土文物中的图像造型，力求最生动地展现神话形象的外形、动作及神态。在不断实验和创作中，我确定了绘画的基本原则。

（一）尽可能依据《山海经》原文的描述进行绘制，但又要以现实世界中的动物为参考。

（二）原文叙述简略的形象，则参考古本《山海经》的图画绘制；古本《山海经》缺漏的形象，则参详其他古籍或出土文物绘制；《山海经》中只有名称，且历代典籍中也无任何描述的形象，一般不绘制。

（三）图画以黑白水墨为主，如果《山海经》原文特别指明色彩，且色彩有助于表达形象时，则酌情采用彩色水墨。

虽然确定了绘画原则，但实行起来并不容易。《山海经》流传久远，研究者众多，很多原文的解释众说纷纭，并无定论；因此在创作时，我们既需要吸收古人正确的见解、参考今人的研究成果，更需要对原文反复斟酌，并进行合理的推断想象，才艰难地确定出比较合理的形象。

确定绘画形象后，还需要确定文本。我们的基本原则如下。

（一）原文的选择。本书引《山海经》原文主要依据郝懿行《山海经笺疏》（还读楼本）。原文文字一般不做任何改动，如遇错讹、脱字、衍字等情况时，会在“注释”或“解说”中说明。

（二）形象的命名。1. 原文有名称的，直接使用其名称；原文无名称的，则按其形象特征命名。例如：鸟身龙首神，原文为“其神状皆鸟身而龙首”。2. 研究者认为有错讹的名称，本书在标题中径改为正确的，但引用原文不变。例如：玃如，原文作“玃如”；本书据郝懿行观点，直接在标题中使用“玃如”。3. 名称中的繁体字，尽量规范为简体字；名称中的异体字，则酌情保留其原字形。

（三）形象的重现和重名。1. 多次出现的形象，只在第一次出现时展现。2. 名称相同，但描述不同的形象，分别展现。例如：《西山经》太华山有蛇名肥遗，六足四翼；《西山经》英山有鸟名肥遗，黄身而赤喙；《北山经》有蛇名肥遗，一首两身。三处肥遗各不相同，本书全部绘出。

（四）注释和解说。“注释”主要依据《辞海》《汉语大词典》等权威工具书。“解说”主要依据原文语意，并参考郭璞、吴任臣、汪绂、郝懿行、袁珂、郭郛等研究者的既有文献资料撰写。

（五）注音。本书对部分生僻字加注拼音，注音主要参考《汉语大字典》《汉语大词典》；字典词典未收录的字，其字音参考郝懿行《山海经笺疏》和袁珂《山海经校注》。

艰难困苦，玉汝于成。经过三年多不断努力，《水墨山海经》终于要呈现给读者了，愿这本书能给您带来一段愉快的阅读之旅。

由于笔者水平有限，且《山海经》内容庞杂，本书难免会有疏漏错讹之处，敬请读者批评、指正。

作 者

2022 年 6 月

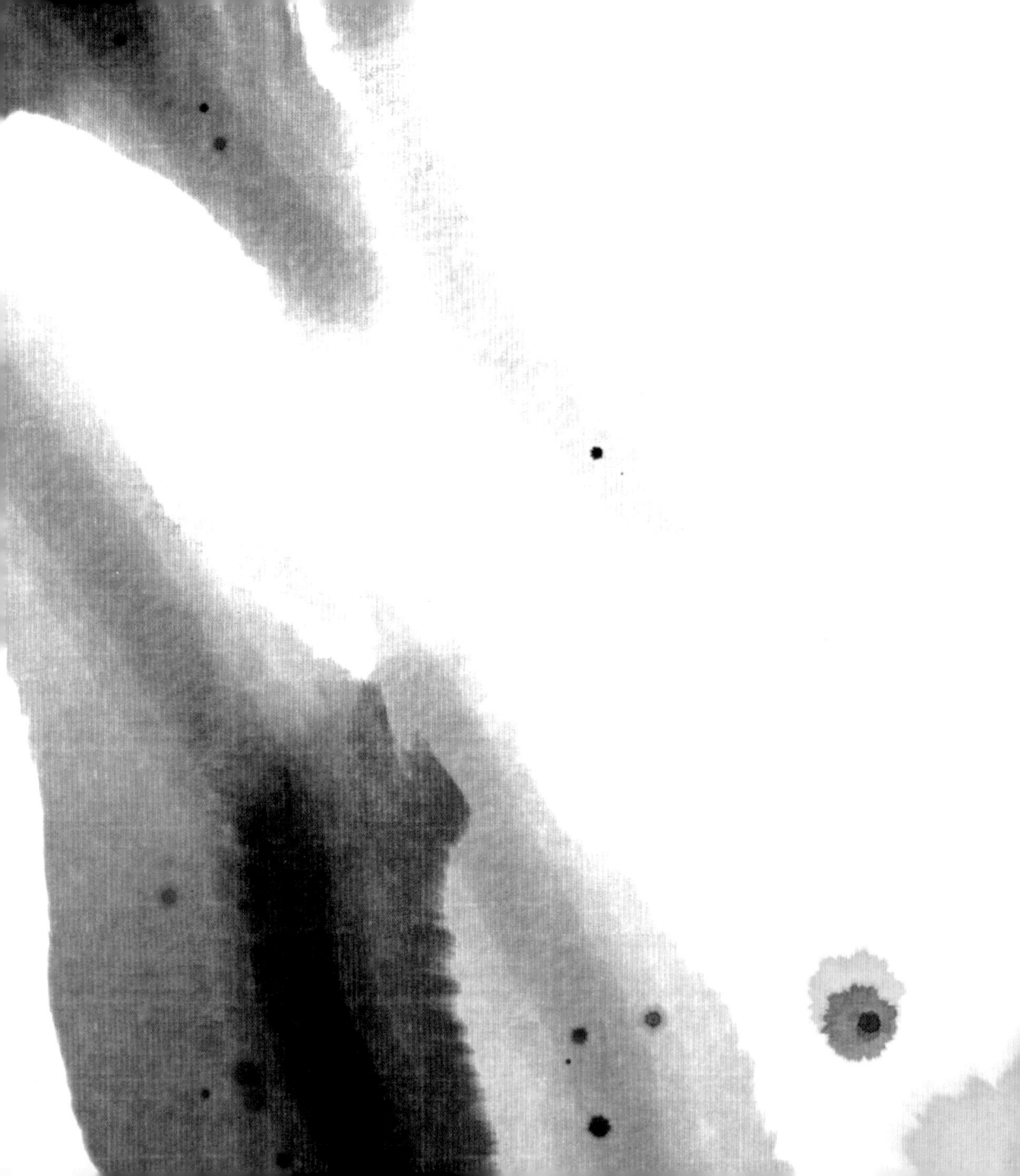

图书在版编目（CIP）数据

水墨山海经 / 度岸绘注 . — 北京 : 人民日报出版社 , 2022.6
ISBN 978-7-5115-7251-6

Ⅰ . ①水… Ⅱ . ①度… Ⅲ . ①历史地理—中国—古代 ②《山海经》—图集
Ⅳ . ① K928.631-64

中国版本图书馆 CIP 数据核字 (2022) 第 013938 号

书　　名： 水墨山海经
SHUIMO SHANHAIJING
作　　者： 度　岸

出 版 人： 刘华新
责任编辑： 谢广灼
装帧设计： 秦志超

出版发行： 人民日报出版社
社　　址： 北京金台西路 2 号
邮政编码： 100733
发行热线： （010）65369509 65369527 65369846 65363528
邮购热线： （010）65369530 65363527
编辑热线： （010）65369521
网　　址： www.peopledailypress.com
经　　销： 新华书店
印　　刷： 北京盛通印刷股份有限公司

开　　本： 787mm × 1092mm　1/24
字　　数： 253 千字
印　　张： 23.5
版次印次： 2022 年 9 月第 1 版　2022 年 9 月第 1 次印刷

书　　号： ISBN 978-7-5115-7251-6
定　　价： 128.00 元